Wer zur Hölle will schon in den Himmel?

Edgar Dahl

Wer zur Hölle will schon in den Himmel?

Ein Brevier für Ungläubige und solche,
die es werden wollen

Bibliografische Information der Deutschen Nationalbibliothek:
Die Deutsche Nationalbibliothek verzeichnet diese Publikation in der
Deutschen Nationalbibliografie;
detaillierte bibliografische Daten sind im Internet über
http://dnb.d-nb.de abrufbar.

© 2010 Edgar Dahl
Satz, Umschlaggestaltung, Herstellung und Verlag:
Books on Demand GmbH, Norderstedt
ISBN: 978-3-8391-5641-4

Trinad Chakraborty in Dankbarkeit

Was das Klima betrifft,
würde ich den Himmel bevorzugen;
doch was die Gesellschaft anbelangt,
ziehe ich die Hölle entschieden vor.

Mark Twain

Vorwort

Kaum hatte Kardinal Joseph Ratzinger den Stuhl Petri bestiegen, hat er uns in seiner neuen Eigenschaft als Stellvertreter Christi sogleich mit eindringlichen Worten an die Hölle gemahnt. »Die Hölle, von der man in dieser Zeit so wenig spricht«, sagte er, »existiert und ist ewig für jene, die ihre Augen vor Gottes Liebe verschließen.«

Sollte Papst Benedikt XVI. recht haben, wird auf viele von uns also die Hölle warten. Und zwar nicht nur auf die, die an der Existenz Gottes zweifeln, sondern auch auf die, die ihre Mühe damit haben, Gottes vermeintliche Liebe zu erkennen. Dies bedeutet, dass nicht nur beinharte Atheisten, sondern auch vorsichtige Deisten, behutsame Skeptiker und selbst unentschiedene Agnostiker der ewigen Verdammnis anheim fallen werden – von all denen, die das ausgesprochene Pech hatten, in einer anderen als der »einzig wahren Religion« erzogen worden zu sein, ganz zu schweigen.

Wie düster unsere Zukunft sein wird, hängt freilich ganz davon ab, wie die Hölle aussieht. Ist sie, wie frühere Theologen meinten, ein »feuriger Pfuhl, der mit Schwefel brennt« und in dem »Heulen und Zähneklappern« herrschen, oder ist sie, wie neuere Theologen zu wissen meinen, lediglich »ein Ort fernab von Gottes Liebe«?

Ein Plätzchen »fernab von Gott«, klingt beinahe zu schön, um wahr zu sein. Möglicherweise liegt die Wahrheit daher, wie so oft, in der Mitte. Dante könnte mit seiner »Göttlichen Komödie« der Wahrheit vielleicht am nächsten gekommen sein. Danach ist die Hölle der Einschlagkrater, den Luzifer nach seinem Sturz aus dem Paradies hinterlassen hat. Dieser »Höllentrichter«, wie er auch genannt wird, besteht aus neun konzentrischen Kreisen. Im neunten Kreis, dem tiefsten Punkt der Hölle, befinden sich Satan und die größten Sünder der Menschheitsgeschichte. Neben Judas, Cassius und Brutus, mögen dort etwa auch Hitler, Stalin und Mao zu Hause sein. Der achte Kreis ist Zauberern und Wahrsagern sowie Kupplern und Huren vorbehalten. Im siebten Kreis schmoren Mörder, Wucherer und Sodomiten. Der sechste Kreis gehört den Ketzern, der fünfte den Jähzornigen, der vierte den Geizigen, der dritte den Schlemmern und der zweite den Wollüstigen. Im ersten Kreis dagegen sind wir zuhause – wir Atheisten, Deisten, Skeptiker und Agnostiker, die sich keines anderen Verbrechens schuldig gemacht haben als dem, am lieben Gott gezweifelt zu haben. Nach Dante sind wir keinerlei körperlichen Qualen ausgesetzt, sondern leiden lediglich unter einer gramvollen Sehnsucht nach dem Weltenlenker.

Sollte Dantes Beschreibung der Wirklichkeit entsprechen, müssen wir uns offenbar keine großen Sorgen machen. Mehr noch: Wenn er recht hat, dürfte die Hölle sogar eine weit bessere Adresse als der Himmel sein. Denn neben den antiken Schriftstellern Homer, Horaz und Ovid werden wir dort auch einigen der größten Philosophen, Sittenlehrer, Wissenschaftler, Künstler und Staatsmänner aller Zeiten begegnen. Angefangen von Sokrates, Platon und Aristoteles werden wir dort Holbach, Hume und Schopenhauer, Buddha, Laotse und Konfuzius, Darwin, Freud und Einstein,

Voltaire, Goethe und Byron, Mozart, Haydn und Beethoven sowie Marc Aurel, Friedrich den Großen und Thomas Jefferson treffen.

Dieses kleine Büchlein soll auf die bevorstehende Begegnung mit einigen der eminentesten Geister der Menschheitsgeschichte vorbereiten und mit deren skeptischen und bisweilen garedezu blasphemischen Gedanken vertraut machen. Wenn dieses Buch seinen bescheidenen Zweck erfüllt, dürfte sich der Leser nach der Lektüre unweigerlich fragen: »Wer zur Hölle will schon in den Himmel?«

Einleitung

Ich bin Atheist und *das ist auch gut so*

Seit dem Fall der Mauer wird nicht nur den Menschen im Westen, sondern auch den Menschen im Osten Deutschlands regelmäßig die Gretchenfrage gestellt. Meinungsforschungsinstitute wie FORSA machen dabei immer wieder dieselbe Erfahrung. Sobald sie die Brüder und Schwestern im Osten danach befragen, ob sie religiös seien, erhalten sie die Antwort »Nein, ich bin normal!«

Eine solche Antwort muss zweifellos die religiösen Gefühle vieler Menschen im Westen verletzen. Scheint diese Antwort doch zu unterstellen, dass Christen irgendwie leichtgläubig, beschränkt oder gar geistesgestört seien. Als hätten sie Richard Dawkins' Buch »Der Gotteswahn« bereits mit ihrer Muttermilch aufgesogen, scheinen sie Religiosität buchstäblich für eine Art von Geisteskrankheit zu halten.

Die Antwort »Nein, ich bin normal!« erscheint aber nicht nur verletzend, sondern auch geradezu anmaßend. Die größten Geister des Abendlandes haben sich bekanntlich mit religiösen Problemen auseinandergestzt. Wenn Goethe, Tolstoi und Hardy, Voltaire, Hume und Kant oder Newton, Darwin und Einstein mit der Gottesfrage gerungen haben, was glauben die Ossis dann, wer sie sind?

Häufig wird angenommen, dass der Atheismus im Osten ein Produkt der weltanschaulichen Indokrination sei. Von

Kindesbeinen an auf »Marxismus-Leninismus« gedrillt, sei es schließlich kein Wunder, dass die Ossis die Religion kurzerhand als bloßes »Opium des Volkes« abtun. Auch wenn die regelmäßigen Unterweisungen im »Dialektischen und Historischen Materialismus« nicht ganz spurlos an den Schulkindern vorbeigegangen sein dürften, ist dies jedoch falsch. Im Osten ist man der Religion nicht so sehr mit Feindseligkeit, als vielmehr mit Gleichgültigkeit begegnet – mit nahezu vollkommener Indifferenz.

Anfang der 60er Jahre selbst in der »Deutschen Demokratischen Republik« aufgewachsen, kann ich mich noch wie heute an meine ersten Begegnungen mit der Religion erinnern. Statt Sonntag für Sonntag mit unseren Eltern in die Kirche zu gehen, sind wir mit unseren Freunden in das Kino gegangen. Anders als viele Menschen im Westen glauben, sind im Osten keineswegs nur Filme aus den kommunistischen Bruderländern gezeigt worden. Ich bin sogar sicher, dass das Kino im Osten künstlerisch weit anspruchsvoller war als das im Westen. So sind wir beispielsweise schon früh mit den Filmen von Louis Bunuel, Bernardo Bertolucci, Claude Chabrol oder Martin Ritt bekannt gemacht worden.

Nun, in der Zeit, als ich meine erste Begegnung mit dem Christentum hatte, also mit etwa acht Jahren, waren es freilich noch nicht Filme wie John Schlesingers »Asphalt Cowboy«, Mike Nichols’ »Wer hat Angst vor Virginia Woolf?« oder Milos Formans »Einer flog über das Kuckucksnest«, die mich begeisterten. Vielmehr waren es Streifen wie Joseph L. Mankiewicz’ »Cleopatra«, Anthony Manns »Der Untergang des Römischen Reiches«, und Jean Delannoys

»Der Glöckner von Notre Dame« sowie Komödien wie Blake Edwards' »Das große Rennen rund um die Welt«, Billy Wilders »Manche mögen's heiß« oder Christian Jaques »Petroleum Miezen« – wobei ich mir bis heute nicht ganz sicher bin, ob es wirklich nur die behandelten Themen oder nicht doch vielmehr die wunderschönen Schauspielerinnen wie Sophia Loren, Gina Lollobrigida und Claudia Cardinale waren, die mich ins Kino lockten.

Wie dem auch sei, eines Sonntags morgen hatte ich mich verspätet und wurde nicht mehr ins Kino gelassen. Enttäuscht darüber, nun »Die schwarze Tulpe« mit Alain Delon und Virna Lisi verpasst zu haben, machte ich mich auf den Heimweg. Zwischen dem Kino und unserer Wohnung lag die Paulskirche. Da ich unverhofft über mehr Zeit verfügte als mir lieb war, beschloss ich, mich heimlich hineinzuschleichen. Die ausgetretenen Stufen, der geradezu moderige Geruch und der ans Kreuz geschlagene, blutende Heiland mit der Dornenkrone auf dem Kopf machten mich zugegebenerweise etwas beklommen. Zittrigen Schrittes näherte ich mich der nahezu ausschließlich aus Greisen bestehenden Gemeinde, um besser zu hören, was sie vor sich hin murmelten. Sie reichten sich einen Kelch und sagten: »Mein Blut für dich vergossen« und aßen Oblaten, indem sie sprachen: »Mein Leib für dich gegeben«. Diese Worte ließen mich erschaudern. Wie kann man Blut trinken und den Leib anderer verspeisen? Wo war ich hier hingeraten?

Möglicherweise war ich mit acht oder neun Jahren einfach noch zu jung, um das lediglich symbolisch gemeinte Ritual des Abendmahls zu verstehen. Doch es war nicht nur der vermeintliche »Kannibalismus«, der sich mir tief ins

Gedächtnis brannte. Auch Worte wie »Lamm«, »Opfer« und »Schlachtbank« hatten einen unüberhörbar blutigen Beigeschmack. Darüber hinaus sprachen sie zu einem Unsichtbaren, bezichtigten sich der »Sünde«, flehten um »Vergebung« und hofften auf »Erlösung«. Mit wem um-alles-in-der-Welt, fragte ich mich, reden diese Leute?

Zu Hause angekommen, erzählte ich meiner Mutter davon, in der Kirche gewesen zu sein. Ich dachte, sie könnte mir erklären, was es mit den eigentümlichen Leuten dort auf sich hatte. Doch sie sagte nur, es seien »Christen«, die an »Gott und Teufel« und »Himmel und Hölle« glauben. Ihre Eltern seien ebenfalls religiös gewesen; ihr Vater jüdisch und ihre Mutter katholisch. Da ihre Eltern verstorben seien, als sie noch ein kleines Mädchen war, wisse sie jedoch kaum etwas über Religionen. Um das offenkundig uninteressante Thema zu beenden, fügte sie schließlich mit einer wegwerfenden Handbewegung hinzu: »Das geht uns alles nichts an.«

Wie es sich ergab, lief nur wenige Zeit später Roman Polanskis Film »Rosemary's Baby« im Fernsehen (im »Westfernsehen«, versteht sich). Da es Samstag nacht war und meine Eltern bei Freunden feierten, machte ich es mir im Sessel bequem und sah mir den Film mit wachsendem Horror an. Heute weiß ich natürlich, dass es in dem Film nicht um Christen, sondern um Anhänger eines Satanskults ging. Doch für mich bestand zwischen den Leuten im Film und den Leuten in der Kirche kein wirklicher Unterschied. Hier wie da glaubten scheinbar freundlich dreinblickende Greise an Wesen, die kein Mensch je gesehen hat; und hier wie da meinten sie, diese Wesen mit rituellen Handlungen und obskuren Zauberformeln beeinflussen zu können.

Wieder könnte man behaupten, dass ich viel zu jung gewesen sei, als ich »Rosemary's Baby« gesehen habe. Ohne den Besuch einer Sonntagsschule, sei es schließlich kein Wunder, dass ich zwei so grundverschiedene Formen des Kultes miteinander vermischte. Doch dies ist genau mein Punkt! Dass sich der Glaube an Satan für mich nicht von dem Glauben an Gott unterschied, zeigt nur, wie unbekümmert, unbefangen und unvoreingenommen ich war. Religiös nicht vorbelastet, betrachtete ich Christen mit denselben Augen wie sie etwa auch ein Hinduist betrachten mag (und wie natürlich viele Christen ihrerseits Hinduisten sehen – nämlich als verirrte Seelen, die gleich zu einem ganzen Himmel voller Götter beten).

Möglicherweise bin ich nicht wirklich repräsentativ für die Bevölkerung der DDR. Doch in meinem Fall sollte ich ganze 12 Jahre alt werden, bis ich erstmals einem Christen persönlich begegnete. Im sechsten Schuljahr kam die Tochter eines Pfarrers in unsere Klasse. Obgleich sie sich schon nach kurzer Zeit als wunderbares Mädchen erweisen sollte, erinnere ich mich doch wie heute, dass ich anfangs wirkliche Berührungsängste hatte. Religöse Menschen waren für mich schließlich Leute, die meinten, mit »Geistern, Göttern und Dämonen« in Verbindung zu stehen, kurz: Leute, mit denen etwas nicht stimmte und die einem daher auch nicht ganz geheuer sein konnten.

Etwa zur selben Zeit, also im sechsten Schuljahr, muss es gewesen sein, dass wir in unserem Geschichtsunterricht von den Kreuzzügen, den Religionskriegen und den Ketzerverfolgungen erfuhren. Ein Beispiel dafür, wie die heilige Inquisition ihre Prozesse führte und unschuldige Frauen zu

Hexen erklärte, kannte ich ja zumindest schon aus der Verfilmung vom »Glöckner von Notre Dame«, in der Esmeraldas zarter Fuß in den »Spanischen Stiefel« gezwängt wurde. Soweit ich mich erinnere, ist die Kritik an der Kirche recht zurückhaltend ausgefallen. Kleriker, so hieß es, waren nur allzu oft »Steigbügelhalter der Macht« und haben den Monarchen mit dem »Königstum von Gottes Gnaden« ihren himmlischen Segen gegeben.

Wirkliche Religionskritik gab es in der DDR-Schule übrigens nicht. Zwar sind wir mit Feuerbachs, Marxens und Lenins bekannten Floskeln von der Religion als dem »Seufzer der bedrängten Kreatur« oder dem »Opium des Volkes« vertraut gemacht worden. Doch eine Religionskritik wie sie »bürgerliche« Philosophen wie Hume, Holbach oder Kant betrieben, blieb aus. Wenn man einen Ossi nach Anselm von Canterbury, Thomas von Aquin oder William von Ockham befragte, würde man höchstwahrscheinlich nur ein Schulterzucken zur Antwort erhalten. So erfreulich ich es auch finde, dass der Osten Deutschlands weiter ein Hort des Atheismus ist, so betrüblich finde ich es doch, dass dieser Atheismus nicht auf rationalen Einwänden, sondern eher auf persönlicher Gleichgültigkeit beruht. Die meisten sind schlicht religiös unmusikalisch und fegen das Thema, genau wie meine Mutter es tat, mit einer wegwerfenden Handbewegung vom Tisch.

Bei mir wäre es sicherlich nicht anders gewesen, wenn mich mein bester Freund Frank Goertz nicht zufällig mit den Romanen Dostojewskijs bekannt gemacht hätte. Wie bei den Filmen, so waren wir auch bei den Büchern von aktuell und rein kommerziell erfolgreichen Werken ausgeschlossen und auf die Klassiker verwiesen. Ich habe keine Verkaufszahlen, doch ich bin fest davon überzeugt, dass sich im Osten nicht nur Dante, Shakespeare und Goethe, sondern auch Balzac, Dickens und Tolstoi weit besser verkauft haben dürften als im Westen.

Ich glaube sogar noch einen Schritt weitergehen zu können und zu behaupten, dass wir im Osten ein anderes Verhältnis zur Literatur hatten. Dadurch, dass regimekritische Bücher wie Solschenizyns »Archipel Gulag« streng verboten waren, sogen wir wirklich jedes Wort mit Herz und Seele auf. Das Lesen im Verborgenen, könnte man fast sagen, lehrte uns eine Art »Heiligkeit vor dem geschriebenen Wort«. Zugegeben, dies ist ein reichlich religiöser Begriff für einen säkularen Menschen. Doch wie anders soll man es beschreiben, wenn man etwa Orwells Buch »1984« heimlich im Zug las, indem man man ihm vorher sorgfältig einen Umschlag aus den Zeitungsseiten des »Neuen Deutschlands« anfertigte? (Das Buch hatte mir übrigens ein Pfarrer geliehen, der später der »informellen Mitarbeit« für die Staatssicherheit bezichtigt wurde – da werde einer schlau draus!)

Doch zurück zu Dostojewskij. Seine Romane »Schuld und Sühne«, »Die Dämonen« und »Die Brüder Karamasow« weckten in mir ein religionsphilosophisches Interesse, das ich bis heute nicht verloren habe. Dostojewskij erreichte dies vor allem dadurch, dass er mir die existenzielle Bedeutung der Gottesfrage durch seine Romanfiguren so eindringlich wie kein zweiter vor Augen führte. Ich weiß nicht wie, doch die innere Zerrissenheit, die Dostojewskij empfunden hat und der er in Aljoscha und Iwan Karamasow so glanzvoll Gestalt geben sollte, muss sich irgendwie auf mich übertragen haben. Während mein Herz ganz bei Aljoscha ist, bleibt mein Kopf doch stets bei Iwan.

Mein Interesse für Fragen der Religion ließ mich Mitte der 80er Jahre sogar Theologie studieren. Das Theologiestudium bietet eine ausgezeichnete Ausbildung. Neben Sprachen wie Hebräisch, Griechisch und Latein lernt man Philosophie, Psychologie und Pädagogik und erhält zudem noch einen Überblick zur Ideen-, Sprach- und Kunstgeschichte des Abendlandes.

Von den im engeren Sinne theologischen Fächern interessierte mich eigentlich nur die sogenannte »Fundamentaltheologie«, deren Aufgabe (und ich zitiere nach mehr als zwanzig Jahren aus dem Gedächtnis) darin besteht, »den christlichen Glauben vor dem gegenwärtigen Verstehenshorizont zu rechtfertigen«. Mit anderen Worten: Wie lassen sich religiöse Aussagen in unserem wissenschaftlichen Zeitalter überhaupt noch vertreten? Oder, philosophisch gesprochen: Sind Glaube und Vernunft miteinander vereinbar?

Obgleich es ein über die Maßen reizvolles Fach ist, verging mir doch schon bald die Lust daran. Wie nicht anders zu erwarten, stützen sich religiöse Apologeten gerne auf Philosophen wie Hegel, Heidegger oder Kierkegaard, deren ebenso abstruse wie obskure Ideen jedem, der sich am Empirismus eines Hobbes, Locke oder Hume orientiert, den Verstand vernebeln müssen. Autoren wie Barth, Tillich oder Bultmann zu lesen, war denn auch eine einzige Pein.

Theologen wie Pannenberg, Küng oder Sölle kamen zwar weitgehend ohne den penetranten und mitunter sogar perfiden theologischen Jargon aus, dennoch erschienen sie mir in ihrer Argumentation intellektuell so unredlich, dass ich sie einfach als Nepper, Schlepper und Bauernfänger empfinden musste. Zu den vielen Taschenspielertricks, deren sie sich bedienten, gehörte etwa die vor allem von Hans Albert angeprangerte »Erpressung mit der falschen Alternative«, wonach wir an Gott glauben müssen, weil unser Leben sonst keinen Sinn habe, wonach wir der Religion bedürfen, weil wir anderenfalls dem moralischen Relativismus zum Opfer fallen oder wonach wir auf den Glauben angewiesen seien, weil der Unglaube erfahrungsgemäß zu KZs und Gulags führe.

So viel intellektuelle Unredlichkeit ließ mich der Theologie schon nach vier Semestern den Rücken kehren. Da ich gerne naturalistische Philosophie studieren wollte, beantragte ich 1987 kurzerhand die Ausreise aus der DDR, um an das Zentrum für Philosophie und Grundlagen der Wissenschaften der Justus-Liebig-Universität in Gießen zu gehen, an dem Gerhard Vollmer, Bernulf Kanitscheider, Franz Josef Wetz und Thomas Metzinger lehrten. Während der Wartezeit auf die Bewilligung meines Ausreiseantrages hatte ich – von den obligatorischen Schikanen der Staatssicherheit einmal abgesehen – genügend Zeit, um eine Art weltanschauliches Zwischenfazit zu ziehen.

Auch wenn ich dank Dostojewskij und trotz Pannenberg immer noch Sympathien für tief religiöse Menschen hatte, konnte ich aus den christlichen Glaubensvorstellungen doch nach wie vor keinen Sinn machen. Es gibt zahllose Religionen. Da sie sich in ihren Behauptungen alle widersprechen, können sie unmöglich alle wahr sein, sehr wohl aber alle falsch sein. Muss es einen Christen nicht stutzig machen, dass er seine Religion lediglich der Lotterie des Lebens verdankt? Wenn er nicht zufällig in Berlin, sondern beispielsweise in Bombay geboren worden wäre, würde er jetzt nicht inbrünstig zu Gott, sondern zu Vishnu beten. Natürlich hält er den Hinduismus und die Geschichten über Rama und Sita für bloße Märchen. Doch was wäre, wenn er seinem eigenen Gott und den Geschichten von Jesus und Maria mit derselben Skepsis begegnete? Würde dann noch irgendetwas von seinem Christentum übrig bleiben?

Dann waren da die »Gottesbeweise«, die freilich nie als wirkliche Beweise im strengen Sinne des Wortes, sondern lediglich als plausible »Argumente« für die Existenz Gottes gedacht waren. Doch keines dieser Argumente erschien mir überzeugend, geschweige denn zwingend. Nehmen wir nur etwa den ontologischen Gottesbeweis, in dem die Existenz Gottes aus dem bloßen Begriff Gottes abgeleitet wird: Da Gott – per definitionem – ein vollkommenes Wesen ist, das über Allmacht, Allwissenheit und Allgüte verfügt, muss es auch existieren, denn wenn es nicht existierte, wäre es schließlich kein wirklich vollkommenes Wesen. Zu einem vollkommenen Wesen gehört nun einmal, dass es auch existiert!

Nun, zu einem vollkommenen Wesen gehört sicher, dass es allmächtig, allwissend und allgütig ist, doch weswegen muss es deshalb auch existieren? Die Existenz ist doch keine Eigenschaft eines Wesens! Zudem kann man die Existenz nicht einfach in die Definition eines Wesens einschleusen. Wenn ja, könnten wir schließlich allen möglichen Wesen durch einen rein definitorischen Trick zur Existenz verhelfen.

Ähnlich schwach erscheint auch der kosmologische Gottesbeweis. Da alles eine Ursache habe, müsse auch die Welt eine Ursache haben. Diese Ursache aber könne nur Gott sein. Nun, wenn buchstäblich alles eine Ursache hat, muss selbstverständlich auch Gott eine Ursache haben. Wer sagt, dass Gott keiner Ursache bedürfe, weil er eine »Ursache seiner selbst«, eine »causa sui« sei, muss erklären, warum die Welt dann nicht genausogut eine Ursache ihrer selbst sein kann wie Gott. Dieses Argument ist aber nicht nur nicht überzeugend; selbst wenn es überzeugend wäre, würde es bestenfalls eine »erste Ursache«, eine »prima causa«, beweisen – nicht jedoch den allmächtigen, allwissenden und allgütigen Gott der Christenheit.

Der vielleicht bekannteste, in jedem Fall aber beliebteste Gottesbeweis ist zweifellos der teleologische. Die atemberaubende Schönheit, Ordnung und Zweckmäßigkeit der Natur, heißt es da, sprechen einfach für die Existenz eines liebenden und fürsorglichen Gottes. So wie wir bei der Betrachtung einer Uhr berechtigterweise auf einen Uhrmacher schließen, so dürfen wir bei der Betrachtung einer Orchidee, eines Pfauenschweifes oder des Bienentanzes auch getrost auf einen allwissenden, allmächtigen und allgütigen Schöpfer schließen. Wie jedoch David Hume schon wusste, beweist die Tatsache, dass etwas geplant aussieht, nicht, dass es auch geplant ist. Zudem haben wir mit Charles Darwins Evolutionstheorie eine alternative Erklärung für die Zweckmäßigkeit der Natur: Sie kann sehr wohl ein Produkt der natürlichen Selektion sein.

Als ich nach meinem Philosophiestudium in Gießen Anfang der 90er Jahre noch ein Anthropologiestudium in

Göttingen aufnahm, hatte ich das zweifelhafte Vergnügen, in einem von Volker Sommer und Eckart Voland geleiteten Praktikum menschliche Skelette zusammenzusetzen. Während ich lernte, wie man männliche von weiblichen Gebeinen auseinanderhalten konnte, dachte ich bei mir: Wie phantasielos muss man eigentlich sein, um dieses erbärmliche Knochengerüst allen Ernstes für das Werk eines allmächtigen Gottes zu halten?

Hinzu kommt freilich, dass die, die sich gern auf den teleologischen Gottesbeweis berufen, offensichtlich einen sehr selektiven Blick für die Realität haben müssen. Sicher, das menschliche Gehirn ist faszinierend. Doch wer einmal durch eine Klinik gegangen ist und die Patienten einer neonatologischen, onkologischen oder psychiatrischen Station gesehen hat, dürfte seine liebe Mühe damit haben, den Menschen als das Vorzeigestück eines allmächtigen, allwissenden und allgütigen Schöpfers zu betrachten.

Und dies führt unweigerlich zu dem wohl größten Problem des Christentums, dem sogenannten »Theodizee-Problem«: Lassen sich das Leid und Elend dieser Welt wirklich mit der Güte Gottes vereinbaren? Wahrscheinlich hat niemand dieses Problem besser auf den Punkt gebracht als Epikur, der sagte: »Ist Gott willens, aber nicht fähig, die Übel zu verhindern? Dann ist er nicht allmächtig! Ist er fähig, aber nicht willens? Dann ist er nicht allgütig! Ist er sowohl fähig als auch willens? Woher kommen dann die Übel?«

Natürlich haben sich die religiösen Apologeten über die Jahrtausende eine Vielzahl von Antworten auf diese Frage ausgedacht. Doch wieder einmal ist keine davon wirklich überzeugend. Die möglicherweise älteste Antwort findet sich im Buch Hiob, im Alten Testament. Darin beantwortet Gott höchstpersönlich die Frage, warum Menschen oft so unsagbar leiden müssen. Allerdings besteht seine Antwort allein aus einer Gegenfrage: Wer bist du, dass du es wagst, mit mir zu richten? Mit anderen Worten: Gott verbietet den Menschen kurzerhand den Mund, indem er ihnen ihre Bedeutungslosigkeit vor Augen führt.

Nach einer anderen biblischen Antwort sind all das Leid und Elend dieser Welt »der Sünde Sold«. Ganz gleich, ob wir »Adams Fall« wortwörtlich nehmen oder nur im übertragenen Sinne verstehen, der Mensch hat sich Gott widersetzt, so dass Alter, Krankheit und Tod der gerechte Lohn für seine Missetaten sind. Vor einigen Jahrhunderten mochte diese Antwort vielleicht noch hinnehmbar sein; doch heute haben wir mit der darin angesprochenen »Sippenhaft« zu Recht unsere Probleme. Kaum jemand kann es noch als gerecht empfinden, dass ein dreijähriges Kind jämmerlich an Leukämie zugrundegehen muss, nur weil irgendein anderer etwas verbrochen hat.

In meinen Augen hängt die Unhaltbarkeit dieser Antwort aber nicht allein von unserem veränderten Gerechtigkeitsempfinden ab. Selbst wenn wir für einen Augenblick die Sippenhaft als gerechtfertigt betrachteten, macht der Verweis auf »Adams Fall« einfach keinen Sinn. Wenn Gott, wie angenommen, nicht nur allmächtig und allgütig, sondern auch allwissend ist, dürfte er bereits vor der Erschaffung des Menschen gewusst haben, dass er von ihm abfallen wird. Warum also eine Kreatur erschaffen und bestrafen, von der er allezeit wissen musste, dass sie sich als undankbar erweisen wird? Mir scheint daher Schopenhauer durchaus recht zu haben, wenn er sagte: »Es scheint, als hätte der liebe Gott diese Welt nur geschaffen, damit der Teufel sie holen solle.«

Und dann ist da freilich noch das namenlose Leid, das die Tiere erdulden müssen, ohne sich je am »Baum der Erkenntnis« gütlich getan zu haben. Von all den Dokumentarfilmen, die ich in meinem Leben gesehen habe, war »Das Jahr der Gnus« wohl der schrecklichste. Er zeigt die Gnus, wie sie mit Beginn der Regenzeit in die Serengeti zurückkehren. Um an das frische Gras zu gelangen, müssen sie den Mara überqueren. Dieser Fluß ist jedoch voller Krokodile. Hunderte von Gnus verlieren daher bei der Überquerung des Flusses ihr Leben, indem sie einfach in Stücke gerissen werden. Mitunter entkommt ein blutendes Gnu, nur um am anderen Ende des Ufers von den dort lauernden Löwen zerfleischt zu werden. Was um-alles-in-der-Welt ist das für ein Gott, der eine solche Natur »mit Zähnen und Klauen blutigrot« erschaffen hat?

Ich kann es akzeptieren und sogar respektieren, wenn Christen sagen, dass sie einfach nicht anders können, als an ihrer Hoffnung auf einen gütigen Schöpfer festzuhalten, der ihnen eines Tages erklären werde, wozu all das Leid und Elend dieser Welt notwendig waren. Wer so spricht, gibt zumindest implizit zu, dass seine Hoffnung irrational ist und er wider besseres Wissen an seinem Glauben festhält. Doch wenn jemand allen Ernstes behauptet, dass es rational sei, an einen allmächtigen, allwissenden und allgütigen Gott zu glauben, dann kann ich, ehrlich gesagt, nur den Kopf schütteln.

Mitte der 90er Jahre bin ich an das von Peter Singer geleitete Centre for Human Bioethics an der Monash University in Melbourne gegangen. Entschlossen, mich auf Fragen der Medizinethik zu spezialisieren, dachte ich, dass ich fortan kaum noch mit Religionskritik zu tun haben würde. Wie sehr hatte ich mich doch getäuscht! Ob Präimplantationsdiagnostik, therapeutisches Klonen, embryonale Stammzellforschung oder was auch immer – es gab und gibt kein medizinethisches Thema, zu dem sich die Religionen nicht zu Worte melden. Dass die Kirchen zu drängenden moralischen Fragen unserer Zeit Stellung beziehen, ist freilich ihr gutes Recht. Dennoch muss der Anspruch, den sie mit ihren Verlautbarungen erheben, verwundern.

Nehmen wir nur etwa das Beispiel der Sterbehilfe. Die Mitglieder der Kirche daran zu erinnern, dass sie sich nicht zum »Herrn über Leben und Tod« aufschwingen dürfen, ist das eine; doch von Menschen, die der Kirche gar nicht angehören, zu verlangen, dass sie gefälligst »ihr Kreuz auf sich nehmen« und »in Christo leiden« sollen, ist etwas ganz anderes. In einer säkularen Gesellschaft, die auf einer strikten Trennung von Staat und Kirche beruht, hat niemand das Recht, anderen Menschen seine religiösen Werte aufzwingen.

Philosophisch vielleicht noch weit verwegener ist der Anspruch der Kirche, die Hüterin der Moral zu sein. So behauptete »unser« neuer Papst erst kürzlich noch einmal, dass die Religion das Fundament der Ethik sei. Wenn wir Gott den Rücken kehren, erklärte er, werden wir nicht mehr wissen, was Gut und Böse sei, und einer »Diktatur des Relativismus« zum Opfer fallen.

Wie eingangs schon erwähnt, ist dies eine der beliebten »Erpressungen mit der falschen Alternative«. Anders als viele Christen meinen, ist die Religion nämlich keineswegs die Grundlage der Moral. Gewiss, auf den ersten Blick könnte es scheinen, als würden Gut und Böse von Gott abhängen. So mag etwa jemand denken: »Gut« sei, was Gott billigt, und »Böse« sei, was Gott missbilligt. Mit anderen Worten: Dass eheliche Treue moralisch richtig sei, liege daran, dass Gott sie für gut befunden habe, und dass eheliche Untreue moralisch falsch sei, liege daran, dass Gott sie für schlecht befunden habe.

Wie Sokrates bereits vor mehr als 2000 Jahren gezeigt hat, ist dies jedoch falsch. Wie sich mit Hilfe einer ganz unschuldigen Frage veranschaulichen lässt, führt die Annahme, dass Gott der Herr über Gut und Böse sei, nämlich in ein unausweichliches Dilemma: Ist die Barmherzigkeit gut, weil Gott sie gutheißt, oder heißt Gott die Barmherzigkeit gut, weil sie gut ist? Wer sagt, dass die Barmherzigkeit nur gut sei, weil Gott sie zufällig gutheiße, würde das Urteil darüber, was Gut und Böse ist, zu einer Sache göttlicher Willkür machen und beispielsweise zugeben müssen, dass wenn Gott statt der Barmherzigkeit die Grausamkeit für gut befunden hätte, Grausamkeit gut und Barmherzigkeit schlecht wäre.

Wer jetzt sagt, dass Gott die Grausamkeit nie für gut befinden würde, weil er ja gut sei, verstrickt sich in einen Widerspruch. Denn wenn »gut« nur soviel bedeutete wie »von Gott für gut befunden«, macht die Behauptung, dass Gott gut sei, einfach keinen Sinn mehr. Die Aussage »Gott ist gut« würde dann schließlich nur noch bedeuten, dass

Gott »sich selbst für gut befunden« habe – und damit natürlich vollkommen inhaltsleer werden.

Der einzige Ausweg aus diesem Dilemma besteht darin, zu sagen, dass die Barmherzigkeit nicht gut sei, weil Gott sie zufällig für gut erklärt habe, sondern dass Gott die Barmherzigkeit für gut erklärte, weil sie tatsächlich gut ist. So könnte man etwa argumentieren, dass Gott die Barmherzigkeit empfohlen und die Grausamkeit verurteilt habe, weil dies für ein friedliches Zusammenleben der Menschen unerlässlich sei. Dies ist sicherlich eine weit vernünftigere Antwort. Zudem gestattet diese Antwort auch, weiterhin sinnvoll von Gott als »gut« zu sprechen. Mit der Aussage, dass Gott gut sei, würde man dann meinen, dass sich Gott ein friedliches Zusammenleben der Menschen wünsche.

Wer so argumentiert, hätte jedoch seine ursprüngliche Behauptung, dass Gott der Herr über Gut und Böse sei, zurückgenommen. Insofern er zugesteht, dass es nicht die »Billigung Gottes«, sondern die »Förderung eines friedlichen Zusammenlebens der Menschen« ist, was eine Handlung gut macht, würde er zugeben, dass es ein von Gott unabhängiges Kriterium der Moral gibt. Wenn es aber ein eigenständiges moralisches Kriterium gibt, sind wir offensichtlich auch nicht auf Gott angewiesen, um zu wissen, was Gut und Böse ist.

Die Implikationen von Sokrates' Argument sind offenkundig. Anders als kirchliche Würdenträger gerne behaupten, ist die Religion keineswegs die Grundlage der Ethik. Moraltheologen haben daher auch keinen höheren Anspruch auf moralische Wahrheit als Moralphilosophen oder jeder andere Mensch, der bereit ist, sich an Regeln zu orientieren, die das friedliche Zusammenleben der Menschen befördern. (Wer sich mit all diesen Fragen näher beschäftigen möchte, sei übrigens auf Norbert Hoersters ausgezeichnetes Buch »Die Frage nach Gott« verwiesen.)

Zum Abschluss möchte ich noch kurz ein Thema ansprechen, das sicher schon bald an Bedeutung gewinnen dürfte. Wie spätestens der Streit um die Mohammed-Karikaturen gezeigt hat, geschieht es immer häufiger, dass Gläubige »Respekt vor ihren religiösen Gefühlen« einfordern. Papst Benedikt XVI. ging unlängst sogar so weit zu sagen, dass es eine notwendige Voraussetzung für das Überleben einer Gesellschaft sei, dass ihre Bürger »Achtung vor dem haben, was anderen heilig ist«.

Nun sind wir uns gewiss alle darin einig, dass es buchstäblich »ungehörig« ist, die religiösen Gefühle anderer Menschen zu verletzen. Doch das ist nicht die Frage. Die Frage ist vielmehr: Sollten die religiösen Gefühle der Menschen außer mit den Mitteln der Moral auch mit den Mitteln des Rechts geschützt werden? Und da lautet meine Antwort eindeutig »Nein!«

Der Staat hat die Aufgabe, die Rechte seiner Bürger zu schützen. Er kann es sich jedoch nicht zur Aufgabe machen, auch die Gefühle seiner Bürger zu schützen. Damit wäre jede Rechtsordnung heillos überfordert. Man muss sich hierzu nur einmal vor Augen führen, dass sich gläubige Menschen bereits in ihren religiösen Gefühlen verletzt wähnen, wenn andere einer anderen Konfession angehören und anderen Dogmen huldigen. Selbst in einer rein christlichen Gesellschaft hätten wir das Problem, dass sich die Protestanten von der Behauptung der Katholiken verletzt fühlen, dass es außerhalb ihrer Kirche kein Heil gebe. Die Baptisten würden sich von der Kindertaufe der Lutheraner verletzt sehen. Und die Neuapostolen würden sich von der Prädestinationslehre der Calvinisten verletzt zeigen.

Auch scheint mir der Begriff »Respekt« hier etwas zu hoch gegriffen zu sein. Was es zu respektieren gilt, ist das Recht auf Religionsfreiheit. Jeder Bürger dieses Landes hat einen von der Verfassung verbrieften Anspruch darauf, seine Religion ungehindert auszuüben, sofern dies nicht die Rechte anderer verletzt. Dass niemand an der Ausübung seiner Religion gehindert werden darf, bedeutet jedoch nicht, dass die Inhalte seiner Religion respektiert werden müssen. Niemand kann einen Glauben, den er für absurd hält – wie etwa den an die Himmelfahrt Christi oder die unbefleckte Empfängnis Mariä – aufrichtig respektieren. Er kann ihn allenfalls tolerieren.

Zudem muss es selbstverständlich jedem unbenommen bleiben, religiöse Dogmen, Normen und Praktiken zu kritisieren. Dass das Schächten von Tieren ein Teil der jüdischen Religion, die Verurteilung von Homosexuellen ein Teil der christlichen Religion und die Steinigung von Frauen ein Teil der muslimischen Religion sein mögen, verpflichtet niemanden, sie zu respektieren. Ganz im Gegenteil! Jeder kann diese religiösen Praktiken als ungerecht, grausam oder gar verachtungswürdig ablehnen.

Ich selbst habe nicht das geringste Interesse daran, anderen ihren Glauben auszureden. Meiner Ansicht nach soll jeder nach seiner Facon selig werden. Wenn ich mit Freunden spreche, die religiös sind, frage ich sie selbstverständlich manchmal, wie sie ihren Glauben an den lieben Gott mit einem Ereignis wie dem Tsunami versöhnen, der am 2. Weihnachtsfeiertag 2004 rund 230.000 Männern, Frauen und Kindern das Leben raubte und über eine Million Menschen obdachlos machte. Doch insofern niemand von ihnen ein Wissen beansprucht, das sie unmöglich haben können, gibt es unter uns keine Konflikte.

Bertrand Russell soll einmal gefragt worden sein, was er tun würde, wenn er sich irrte und es doch einen Gott gäbe: »Wie würden sie Gott erklären, dass sie nicht an ihn geglaubt haben?« Russell entgegnete: »Keine ausreichenden Indizien, Gott, keine ausreichenden Indizien.« Dieser Antwort würde ich mich anschließen.

Aphorismen

DOUGLAS ADAMS
(1952 – 2001)
Britischer Schriftsteller und Autor von
»Per Anhalter durch die Galaxis«

Ich bezeichne mich als radikalen Atheisten.
Wann immer ich mich lediglich als Atheisten beschreibe,
kommt nämlich sofort die Frage:
»Meinen Sie nicht Agnostiker?«,
und ich muss erklären, dass ich wirklich Atheist meine.
Ich bin tatsächlich davon überzeugt,
dass es keinen Gott gibt.
Soweit ich sehe, gibt es nicht den geringsten Anlass,
an irgendeinen Gott zu glauben.

JOHN ADAMS
(1735 – 1826)
Zweiter Präsident der Vereinigten Staaten von Amerika

Dies könnte die beste aller möglichen Welten sein,
wenn es nur keine Religion in ihr gäbe.

HANS ALBERT
(1921 –)
Deutscher Philosoph und Soziologe

Die moralische Bilanz des Christentums ist erschreckend.
Angesichts der Tatsachen
des »real existierenden Christentums«,
die uns die Geschichtsschreibung überliefert hat
– einer militanten Religion,
die unmittelbar nach ihrem Sieg
in der konstantinischen Wende
zur Verfolgung ihrer Gegner übergegangen ist –,
ist die These, dass es sich um eine Religion der Liebe handelt,
nicht besonders glaubwürdig.

WOODY ALLEN
(1935 –)
Amerikanischer Regisseur, Autor und Komödiant

Ich bin nur jüdisch in dem Sinne,
dass ich in eine jüdische Familie hineingeboren wurde.
Ich habe nicht das geringste Interesse an den Religionen.
Für mich sind sie alle gleichermaßen unsinnig.
Wenn Sie wollen, können Sie mich als Agnostiker be-
zeichnen – doch mit einem Fuß im Atheismus.

Wenn sich herausstellt, dass es einen Gott gibt,
glaube ich nicht, dass er böse ist. Das Schlimmste, was
man über ihn sagen kann, ist, dass er einfach zu wenig
aus seinem Talent gemacht hat.

Für Sie mag ich ein Atheist sein,
doch für Gott bin ich die loyale Opposition.

AYAAN HIRSI ALI
(1969 –)
Somalische Feministin

Ich habe nicht die Absicht, Religionen zu verletzen,
aber ich werde mich auch nicht ihrer Tyrannei unterwerfen.
Von Leuten, die an Mohammeds Lehre
nicht glauben, zu verlangen,
dass sie keine Karikaturen von ihm zeichnen,
ist keine Forderung nach Achtung,
sondern eine Forderung nach Unterwerfung.

MARTIN AMIS
(1949 –)
Britischer Schriftsteller

Wenn es wirklich einen Gott gäbe,
der sich um unser Wohlergehen sorgt,
hätte er uns nie Religionen gegeben.

JEAN ANOUILH
(1910 – 1987)
Französischer Schriftsteller

Jeder denkt, Gott sei auf seiner Seite.
Die Reichen und Mächtigen wissen, dass er es tatsächlich ist.

SUSAN B. ANTHONY
(1820 – 1906)
Amerikanische Frauenrechtlerin

Ich misstraue Menschen,
die genau wissen wollen, was Gott von ihnen verlangt,
weil ich jedes Mal bemerken muss,
dass es sich stets mit ihren eigenen Wünschen deckt.

LANCE ARMSTRONG
(1971 –)
Amerikanischer Radfahrer

Wenn es einen Gott gäbe,
hätte ich noch zwei Eier.

ISAAC ASIMOV
(1920 – 1992)
Russischer Biochemiker und Science-Fiction-Autor

Ich glaube an die Wissenschaft und die Vernunft
als die einzige Möglichkeit, unser Universum zu verstehen.
Ich glaube nicht an Wesenheiten,
die mit der Wissenschaft nicht erreichbar
oder »übernatürlich« sind. Ich glaube jedenfalls nicht an
religiöse Mythen, an Himmel und Hölle, Gott und Satan,
Engel und Dämonen.

ROWAN »MR. BEAN« ATKINSON
(1955 –)
Britischer Schauspieler

Du Natter!
Noch nie in meinem Leben
bin ich einem so verdorbenen Menschen wie dir begegnet.
Hast du je eine berufliche Karriere
in der Kirche in Erwägung gezogen?

DAVID ATTENBOROUGH
(1926 –)
Britischer Dokumentarfilmer

Ich weiß nicht, warum wir hier sind.
Die Leute sagen mir oft: »Kannst du nicht sehen,
dass der Schmetterling, der Kolibri und der Paradiesvogel
Beweise eines gütigen Schöpfers sind?«
Und ich antworte jedes Mal:
»Nun, wenn du die Natur
für die Schöpfung eines gütigen Gottes
hältst, solltest du auch an einen
kleinen westafrikanischen Jungen denken,
dessen Augapfel von einem winzigen Wurm
durchbohrt wird
und ihn langsam erblinden lässt.
Der Schöpfergott, an den Du glaubst,
hat höchstwahrscheinlich
auch diesen Wurm geschaffen.«

KURT BAIER
(1917 –)
Amerikanischer Philosoph

Ich habe den Eindruck,
dass viele Menschen das wissenschaftliche Weltbild
zurückweisen,
weil sie fälschlicherweise meinen, dass ihr Leben dann
keinen Sinn haben könne.
Diese Leute verwechseln den Sinn im Leben
mit dem Sinn des Lebens.
Menschen können ihrem Leben
sehr wohl einen Sinn geben.

DAN BARKER
(1949 –)
Amerikanischer Aktivist

Die Idee der Sünde entstammt der Bibel.
Das Christentum ist daher nur ein Heilmittel
gegen eine Krankheit,
die sie selbst geschaffen hat.
Würden sie jemandem dankbar sein,
der sie mit einem Messer stechen würde,
um ihnen ein Pflaster verkaufen zu können?

BELA BARTÓK
(1881 – 1945)
Ungarischer Komponist

Sollte ich mich jemals bekreuzigen,
werde ich es im Namen der Natur, der Kunst und der
Wissenschaft tun.

CHARLES BAUDELAIRE
(1821 – 1867)
Französischer Schriftsteller

Gott ist das einzige Wesen,
das, um zu herrschen, noch nicht einmal existieren muss.

FRITZ BAUER
(1903 – 1968)
Deutscher Richter

Religionen haben Mord und Selbstmord verurteilt,
haben aber grausamste Verfolgungen Andersgläubiger
erlaubt oder geboten.

SAMUEL BECKETT
(1906 – 1989)
Irischer Schriftsteller und Autor von »Warten auf Godot«

Was ich über das »nächste Leben« denke?
Ich denke noch nicht einmal über dieses nach!

LUDWIG VAN BEETHOVEN
(1770 – 1827)
Deutscher Komponist und Pantheist

Ich glaube an das, was alles ist, alles war und alles sein wird.

BERNARD BERENSON
(1865 – 1959)
Litauischer Kunsthistoriker

Wunder widerfahren nur denen, die an sie glauben.
Warum sonst ist Maria, die Mutter Gottes,
noch nie einem
Mohammedaner oder Hindu erschienen?

INGMAR BERGMAN
(1918 – 2007)
Schwedischer Regisseur

Ich hoffe,
ich werde nie so alt,
dass ich religiös werde.

ISAIAH BERLIN
(1909 – 1997)
Lettisch-Britischer Philosoph

Was den Sinn des Lebens anbelangt,
so glaube ich, dass es keinen hat.

Und für mich ist dies ist sogar eine Quelle tiefen Trostes.
Diejenigen, die meinen,
es müsse ein kosmisches Libretto geben,
irren sich, glauben Sie mir.

ARTHUR PINSTEAD
(1846 – 1915)
Britischer Journalist

Der größte Zweifel an den Wundern Jesu
entstammt für mich der Tatsache, dass ihre Zeugen
mehrheitlich Fischer waren.

BJORK
(1965 –)
Isländische Sängerin

Ich gehöre keiner Religion an.
Doch wenn ich eine wählen müsste,
wäre es der Buddhismus.

SIMON BLACKBURN
(1944 –)
Britischer Philosoph

Religionen sind fossilierte Philosophien.

NAPOLEON BONAPARTE
(1769 – 1821)
Französischer Feldherr

Religion ist, was die Armen davon abhält,
die Reichen zu töten.

Ich bin umgeben von Priestern,
die mir wieder und wieder versichern,
dass ihr Reich nicht von dieser Welt sei,
aber beständig ihre Hand nach allem ausstrecken,
was sie greifen können.

Wie könnte ich eine Religion verehren,
die Sokrates und Plato für Verdammte erklärt?

LUDWIG BÖRNE
(1786 – 1837)
Deutscher Schriftsteller

Ein Blutstrom fließt durch achtzehn Jahrhunderte,
und an seinen Ufern wohnt das Christentum.

SIR HERMANN BONDI
(1919 – 2005)
Britischer Mathematiker und Kosmologe

Wenn mich jemand fragt, ob ich ein Atheist bin,

sage ich, dass ich diese Frage ohne eine Definition Gottes
nicht beantworten kann. Wenn man mir sagt, dass Gott
die »Natur« sei, bin ich sicher kein Atheist, denn ich
bezweifele gewiss nicht die Natur. Wenn man sagt,
Gott sei die »Liebe«, bin ich ebenfalls kein Atheist,
da ich durchaus an die Liebe glaube.
Wenn mit Gott aber ein Schöpfer
gemeint sein soll, der sich offenbart hat,
dann bin ich zweifellos ein Atheist.

Gott hat sich unlängst um öffentliche Forschungsgelder
beworben, um die Ursprünge
der Schöpfung zu untersuchen.
Sein Antrag wurde jedoch aus drei Gründen abgelehnt.
Erstens, weil er schon lange Zeit nicht mehr an der
Schöpfung gearbeitet hatte; zweitens, weil die Schöpfung
in Experimenten nie wirklich repliziert werden konnte;
und drittens, weil die wenigen Arbeiten,
die es zu diesem Thema gibt, nicht in anerkannten
wissenschaftlichen Zeitschriften publiziert wurden.

DANIEL J. BOORSTIN
(1914 – 2004)
Amerikanischer Historiker

Die Welt hat weniger unter Zweiflern
als vielmehr unter Menschen gelitten,
die vorgaben, im Besitze der Wahrheit zu sein.
Kein Agnostiker hat je
einen Heiden, Ketzer oder Ungläubigen verbrannt.

ELAYNE BOOSLER
(1952 –)
Amerikanische Komikerin

Der Vatikan ist gegen die Leihmutterschaft.
Nur gut, dass es dieses Verbot noch nicht gab,
als Jesus geboren wurde.

DAVID BOWIE
(1947 –)
Britischer Sänger

Ich bin fast ein Atheist. Gib mir noch zwei Monate.

MARLON BRANDO
(1924 – 2004)
Amerikanischer Schauspieler

Tut mir leid, ich kann nicht »bei Gott« schwören,
weil ich an diesen Unsinn nun einmal nicht glaube.

ROBERT BROWNING
(1812 – 1889)
Britischer Poet

Wer am meisten weiß, zweifelt am meisten.

LENNY BRUCE
(1925 – 1966)
Amerikanischer Komiker

Wäre Jesus vor zwanzig
und nicht vor zweitausend Jahren getötet worden,
dann würden die katholischen Schulkinder
heute kein Kreuz,
sondern einen kleinen elektrischen Stuhl
um den Hals tragen.

WILLIAM JENNINGS BRYAN
(1860 – 1925)
Amerikanischer Richter

Wenn die Bibel behaupten würde,
Jonah hätte den Wal verschluckt,
würde ich ihr glauben.

LUIS BUNUEL
(1900 – 1983)
Spanischer Regisseur

Ich bin Atheist von Gottes Gnaden.

Gott und Vaterland sind ein unschlagbares Team;
bei Unterdrückung und Blutvergießen
brechen sie alle Rekorde.

JOHN BURROUGHS
(1837 – 1921)
Amerikanischer Dichter

Die Wissenschaft hat in einhundert Jahren
mehr für ein zivilisiertes Leben getan
als das Christentum in achtzehnhundert Jahren.

RICHARD BURTON
(1925 – 1984)
Britischer Schauspieler

Je mehr ich über den Menschen lese,
über seine unüberbietbare Rücksichtslosigkeit
und seinen mörderischen Neid,
desto deutlicher wird mir, dass er sich nie ändern wird.
Unsere Dummheit ist unsterblich.
Über Jahrhunderte dieselben Vorurteile,
dieselbe Bosheit und dieselbe Ungerechtigkeit
– unveränderbar und unvermeidlich.
Ich wünschte, ich könnte an einen Gott glauben,
doch ich kann es einfach nicht.

WILHELM BUSCH
(1832 – 1908)
Deutscher Dichter

Wer in Glaubenssachen den Verstand befragt,
kriegt nichtchristliche Antworten.

SAMUEL BUTLER
(1835 – 1902)
Britischer Schriftsteller

Christus und die Kirche:
Wenn Jesus die Scheidung einreichte
und sie mit Untreue, Betrug und Grausamkeit begründete,
würde er sie sicher bewilligt bekommen.

Derjenige hat sein Leben am besten verbracht,
der es am meisten genossen hat.
Gott achtet nämlich sehr genau darauf, dass wir uns
nicht mehr amüsieren,
als gut für uns wäre.

LORD BYRON
(1788 – 1824)
Englischer Dichter

Von Religionen weiß ich nichts – jedenfalls nichts Gutes.

Ich bin kein Platoniker. Ich bin überhaupt nichts.
Ich würde mich aber sicher eher als Manichäer,
Spinozist oder Zoroastrier
bezeichnen denn als einen von den vielen
christlichen Sekten,
die sich im Namen ihres Herrn in Stücke reißen.

HERB CAEN
(1916 – 1997)
Amerikanischer Journalist

Das Problem mit den Wiedergeborenen Christen ist,
dass sie in ihrem zweiten Leben noch unerträglicher sind
als in ihrem ersten.

JOSEPH CAMPBELL
(1904 – 1987)
Amerikanischer Religionswissenschaftler

Mit dem Wort Mythologie
beschreiben wir nur die Religionen anderer.

ALBERT CAMUS
(1913 – 1960)
Französischer Philosoph und Schriftsteller

Ich bin kein Christ.
Ich teile die Abneigung gegen das Böse.
Aber ich teile nicht die christliche Hoffnung,
sondern kämpfe gegen ein Universum,
in dem unschuldige Kinder leiden und sterben.

Christus mag für jemanden gestorben sein,
aber jedenfalls nicht für mich.

Warte nicht auf das Jüngste Gericht.
Es ereignet sich jeden Tag.

GEORGE CARLIN
(1937 –)
Amerikanischer Komiker

Die Religion hat die Menschen überzeugt,
dass im Himmel ein unsichtbarer Mann wohnt,
der alles sieht, was man tut – jeden Tag, jede Minute.
Dieser unsichtbare Mann hat eine Liste von zehn Dingen,
die man nicht tun soll.
Wenn man aber doch eines dieser zehn
Dinge tut, dann hat er einen besonderen Ort
mit Feuer und Rauch,
Flammen und Folter und Angst.
Dorthin schickt er einen,
damit man für immer dort lebt und leidet und brennt
und erstickt und schreit und weint, bin ans
Ende der Zeiten… Aber er liebt dich!

THOMAS CARLYLE
(1795 – 1881)
Britischer Historiker

Seit Jahren vermeide ich es, in die Kirche zu gehen,
weil ich mit diesem Hokuspokus
einfach nichts zu tun haben will.
Wir wissen gar nichts. Alles ist vollkommen unbegreiflich.

ANDREW CARNEGIE
(1835 – 1919)
Amerikanischer Industrieller und Philanthrop

Ich bin ein Jünger von Konfuzius und Benjamin Franklin.

Ich sehe keinen Sinn darin,
die Vorsehung mit Gebeten zu behelligen.

Ich gebe Geld für Kirchenorgeln,
damit die Musik die Gemeinde
vom Rest des Gottesdienstes ablenken.

Ich bin bereit, eine Million Dollar zu zahlen,
wenn mir jemand einen überzeugenden Beweis
für ein Leben nach dem Tode erbringt.

CELSUS
(125 – 175)
Griechischer Philosoph

Wir sollten keine Überzeugung annehmen,
zu der uns nicht die Vernunft geführt hat.
Denn Glaube ohne Prüfung der Gründe
ist der sicherste Weg,
sich selbst zu betrügen.

ADAM CAROLLA
(1964 –)
Amerikanischer Komiker

Es gibt keinen größeren Atheisten als mich.
Nein, ich nehme das zurück.
Ich bin nur noch eine Krebsuntersuchung vom Agnostiker
und eine Knochenmarksbiopsie vom Christen entfernt.

CHARLIE CHAPLIN
(1889 – 1977)
Amerikanischer Schauspieler

Einfach aus gesundem Menschenverstand
glaube ich nicht an Gott
– an keinen!

Ich will die Titelrolle in »Das Leben Jesu«.
Ich bin Jude. Ich bin Komödiant. Und ich bin Atheist.
Wer könnte ihn besser spielen als ich?

NOAM CHOMSKY
(1928 –)
Amerikanischer Philosoph und Linguist

Ob ich an Gott glaube? Ich verstehe die Frage nicht!

Die Bibel ist im Kern polytheistisch,
mit einem Kriegsgott, der von seinem auserwählten

Volk verlangt,
dass es die anderen Götter nicht anbete und diejenigen töte,
die sich erdreisten, es dennoch zu tun.

Die Bibel ist wahrscheinlich das völkermörderischste Buch,
das je geschrieben wurde.

WINSTON CHURCHILL
(1874 – 1965)
Britischer Staatsmann

Ich bin bereit, meinem Schöpfer gegenüberzutreten.
Ob mein Schöpfer ebenso bereit ist,
diese Begegnung über sich ergehen zu lassen,
ist eine andere Frage.

EMIL CIORAN
(1911 – 1995)
Rumänisch-Französischer Philosoph

Dass ich lebe, ist ein bloßer Zufall.
Warum es so ernst nehmen?

Dass das Leben keinen Sinn hat,
ist ein guter Grund zu leben – ich würde sogar sagen, der
einzige.

ARTHUR C. CLARKE
(1917 –)
Britischer Science-Fiction-Autor von
2001: Odyssee im Weltraum

Ich glaube nicht an Gott,
aber ich bin sehr an ihr interessiert.

Religionen sind eine Ausgeburt der Angst.
Sie sind die Antwort
auf eine unverständliche und grausame Welt.

GEORGE CLOONEY
(1962 –)
Amerikanischer Schauspieler

Ich glaube nicht an Himmel und Hölle.
Ob es einen Gott gibt, weiß ich nicht. Was ich aber weiß, ist,
dass ich dieses Leben, das wahrscheinlich das einzige ist,
das ich je leben werde, besser nicht vergeuden sollte.

LARRY COHEN
(1938 –)
Amerikanischer Regisseur

Ich vertrage mich nicht mit Leuten,
die die Stirn haben, zu behaupten, sie würden
Gottes Willen kennen und wissen, wie er über Fragen
wie Apartheid, Südafrika und Aids denkt.
Jeder hat seine eigenen Vorstellungen von Gott.

Meiner Ansicht nach weiß ein Verrückter
an der nächsten Straßenecke
genauso viel von Gott wie der Bischof
der St. Patrick's Cathedral – nämlich gar nichts.
Die Leute sagen:
»Dieser Reverend Moon – was für ein Gauner!«,
und ich sage: »Was ist mit dem Papst?«
Ich denke jeder, der sich anmaßt zu wissen, was Gott denkt,
gehört in die Psychiatrie.

LUCY COLMAN
(1817 – 1906)
Amerikanische Kämpferin gegen die Sklaverei

Ich habe die Kirche
mehr wegen ihrer Unterstützung der Sklaverei
verlassen als wegen des religiösen Unsinns, den sie predigt.

AUGUSTE COMTE
(1798 – 1857)
(Französischer Mathematiker und Philosoph)

Ich bin kein Atheist,
weil dies voraussetzen würde, dass ich die Theologie ernst
nehme.

TOM CONTI
(1941 –)
Schottischer Schauspieler

Wenn ich eine Zeitmaschine hätte,
würde ich nach Nazareth in das Jahr 35 reisen,
um Jesus, den Tischler, zu finden
und ihn vor dem Ärger zu warnen,
den er anrichten wird.

FRANCIS CRICK
(1916 – 2004)
Britischer Molekularbiologe

Wenn die Offenbarungsreligionen
überhaupt irgendetwas offenbart haben,
dann dass sie für gewöhnlich unrecht haben.

QUENTIN CRISP
(1908 – 1999)
Britischer Schriftsteller

Als ich den Leuten in Nordirland erzählte,
dass ich Atheist sei, stand eine Frau auf und fragte:
«Ist es der katholische oder der protestantische Gott,
an den Sie nicht glauben?»

CLARENCE DARROW
(1857 – 1938)
*Amerikanischer Anwalt
aus dem sogenannten »Affen-Prozess«*

Ich glaube so wenig an Gott,
wie ich an den Klapperstorch glaube.

Ich betrachte es nicht als Beleidigung,
sondern als Kompliment, Agnostiker genannt zu werden.
Ich gebe nicht vor, etwas zu wissen,
wovon lediglich Ignoranten meinen,
es zu wissen.

Manche sagen,
die Religion mache die Menschen glücklich.
Dasselbe ließe sich vom Lachgas sagen.

CHARLES DARWIN
(1809 – 1882)
*Britischer Naturforscher
und Begründer der Evolutionstheorie*

Es scheint mir zu viel Elend in der Welt zu sein.
Ich kann mich nicht zu der Ansicht überreden,
dass ein wohlmeinender und allmächtiger Gott
die Schlupfwespen ausgerechnet mit der Absicht
geschaffen haben sollte, dass sie sich im lebenden Körper
von Raupen ernähren sollten.

Dass es viel Leiden auf Erden gibt, bestreitet keiner.
Man hat das – wenigstens soweit es
den Menschen betrifft – damit zu
erklären versucht, dass es seiner sittlichen Besserung diene.
Aber die Zahl der Menschen ist wie nichts im Vergleich
mit der aller anderen fühlenden Wesen. Diese leiden oft
erheblich ohne die Möglichkeit einer sittlichen Besserung.
Ein Wesen, das so mächtig
und kenntnisreich ist wie ein Gott,
der das Universum erschaffen konnte, erscheint unserem
begrenzten Geist allmächtig und allwissend,
und es beleidigt unser Verständnis,
dass sein Wohlwollen nicht unbegrenzt sein soll,
denn was für einen Vorteil könnte das Leiden von Millionen
niederer Tiere durch fast endlose Zeiten hindurch haben?

Ich war nie so närrisch zu sagen
»credo quia incredibile«, »ich glaube, weil es unglaubhaft« ist.

Heutzutage wird als häufigstes Argument
für die Existenz eines intelligenten Gottes
die tiefe innere Überzeugung und das innere Erlebnis
der meisten Menschen angeführt.
Aber es kann nicht bezweifelt werden,
dass Hindus, Mohammedaner
und andere in derselben Weise
und mit der gleichen Hartnäckigkeit
für die Existenz eines Gottes, oder von vielen Göttern
oder, wie bei den Buddhisten,
für gar keinen Gott eintreten könnten.

Wir dürfen auch nicht übersehen,
dass wahrscheinlich die stetige Einschärfung
eines Glaubens an Gott
in dem Geist der Kinder
eine starke und vielleicht sogar vererbte Wirkung
auf ihr unentwickeltes Gehirn hervorbringt,
so dass es für sie schwierig wird, ihren Glauben abzulegen,
ähnlich wie für einen Affen seine instinktive
Angst vor Schlangen.

Ich kann es kaum begreifen,
wie jemand, wer es auch sei, wünschen könne,
die christliche Lehre möge wahr sein;
denn, wenn dem so ist, zeigt der einfache Text,
dass die Ungläubigen (und hierzu müsste ich meinen Vater,
meinen Bruder und nahezu alle
meine besten Freunde zählen),
ewige Strafen verbüßen müssen.
Eine abscheuliche Lehre!

RICHARD DAWKINS
(1941 –)
Britischer Evolutionsbiologe

Gotteslästerung ist ein Verbrechen ohne Opfer.

Wir sind alle Atheisten in Bezug auf die meisten Götter,
an die die Menschheit je geglaubt hat.
Manche von uns gehen einfach noch einen Gott weiter.

Vieles, was Menschen tun,
tun sie im Namen Gottes. Iren sprengen einander
in seinem Namen in die Luft. Araber sprengen
sich selbst in seinem Namen
in die Luft. Imame und Ayatollahs
unterdrücken Frauen in seinen Namen.
Im Zölibat lebende Päpste und Priester
beflecken das Sexualleben
von Menschen in seinem Namen.
Jüdische Schächter schneiden
in seinem Namen lebenden Tieren die Kehle durch.
Die Großtaten der Religion in der Geschichte –
blutige Kreuzfahrten,
Inquisitionen mit Folter, massenmordende Eroberer,
Kulturen vernichtende Missionare,
gesetzlich untermauerter Widerstand gegen
jeden neuen Mosaikstein wissenschaftlicher Wahrheit
bis zum letzten Moment – sind sogar noch eindrucksvoller.
Und wozu war das alles gut?
Meines Erachtens wird zunehmend deutlich,
dass die Antwort darauf lautet: zu absolut gar nichts.
Es gibt keinen Grund zu glauben,
dass irgendeine Art von Göttern existiere,
aber recht gute Gründe anzunehmen,
dass sie nicht existieren
und auch nie existiert haben.
Das Ganze war nur eine gigantische Verschwendung
von Zeit und Leben. Wäre es nicht so tragisch,
könnte man es für einen Scherz
kosmischen Ausmaßes halten.

Wenn Sie religiös sind,
besteht eine überwältigend große Wahrscheinlichkeit,
dass es sich um die Religion Ihrer Eltern handelt.
Wenn Sie in Arkansas geboren wurden und
das Christentum für richtig, den Islam aber für falsch halten,
während Sie gleichzeitig ganz genau wissen,
dass ein gebürtiger Afghane
genau umgekehrt denken würde,
sind Sie das Opfer der Indoktrination
im Kindesalter.

»In den Städten der Völker,
die dir der Herr, dein Gott, zum Erbe geben wird,
sollst du nichts leben lassen, was Odem hat,
sondern sollst an ihnen
den Bann vollstrecken, nämlich an den
Hetitern, Amoritern, Kanaanitern,
Perisitern, Hiwitern und Jebusitern,
wie dir der Herr, dein Gott, geboten hat.« 5. Mose 20
Haben diejenigen, die uns die Bibel als Anregung
zu moralischer Rechtschaffenheit
empfehlen, eigentlich die geringste Ahnung davon,
was darin tatsächlich geschrieben steht?

Wenn Gott uns unsere Sünden vergeben will,
warum vergibt er sie dann nicht einfach,
ohne sich selbst dafür
foltern und hinrichten zu lassen?

Wen wollte Gott eigentlich beeindrucken?
Vermutlich sich selbst –
er war Richter, Gericht und Hinrichtungsopfer
in einem.

Die schöne Stadt New Orleans
erlebte 2005 eine schreckliche Überschwemmung.
Und worauf führte Reverend Pat Robertson,
einer der bekanntesten Fernsehevangelisten
und früherer Präsidentschaftskandidat,
den Hurrikan zurück?
Darauf, dass eine bekannte lesbische Komikerin
sich zufällig gerade in New Orleans aufhielt.
Nun sollte man meinen,
dass ein allmächtiger Gott die Sünder
etwas gezielter ausradieren könnte, wie etwa
mit einem gezielten Herzinfarkt,
statt eine ganze Stadt zu zerstören,
nur weil sie zufällig eine lesbische Komikerin beherbergt.

Warum sollte ein göttliches Wesen,
in dessen Geist es um Schöpfung und Ewigkeit geht,
sich auch nur einen Pfifferling
um die kleinlichen Fehltritte der Menschen kümmern?
Wir Menschen tragen die Nase zu hoch und blasen
sogar unsere langweiligen kleinen »Sünden« noch auf
ein Ausmaß von kosmischer Bedeutung auf!

KARLHEINZ DESCHNER
(1924 –)
Deutscher Schriftsteller

Religionen sind Fertighäuser für arme Seelen.

Dass Glaube etwas anderes als Aberglaube sei,
ist unter allem Aberglauben der größte.

Ein wenig Güte ohne alle Religion
taugt tausendmal mehr als alle Religion ohne Güte.

Das Christentum beruht auf verschiedenen Geboten –
dem Gebot der Nächstenliebe, der Feindesliebe,
dem Gebot, nicht zu stehlen oder zu töten,
und der Klugheit, keines dieser Gebote zu halten.

Wo Klerus herrscht, hat Kreuz kein Ende.

CHARLES DICKENS
(1812 – 1870)
Britischer Schriftsteller

Ich kann es nicht ertragen,
wenn sich Kleriker an ihre Gemeinde wenden,
als seien sie im Besitze einer Fahrkarte
zum Himmel und zurück.

DENIS DIDEROT
(1713 – 1784)
Französischer Philosoph und Schriftsteller

Warum sind die Wunder Jesu Christi wahr
und die Wunder des Äskulap,
des Apollonius von Tyan und des Mohammed unwahr?

Auf der Erde gibt es
ebenso viele Offenbarungen wie Religionen.
Überall haben die Menschen versucht, ihre Einbildungen
durch die Autorität des Himmels zu stützen.
Jede Offenbarung behauptet,
sie beruhe auf unwiderlegbaren Beweisen.
Jede erklärt, sie habe die höchste Gewissheit für sich.
Ich prüfe sie und sehe,
wie eine der anderen widerspricht
und wie alle der Vernunft widersprechen.

»Der Gott, der Gott sterben lässt, um Gott zu besänftigen«
ist ein vortreffliches Wort des Barons de la Hontan.
Hundert Folianten,
die für oder wider das Christentum
geschrieben worden sind,
ergeben eine geringere Evidenz als
der Spott dieser zwei Zeilen.

Es gibt wohl keinen guten Vater,
der unserem himmlischen Vater gleichen möchte.

Ich habe mich in einem riesigen Wald verirrt
und habe nur ein kleines Licht, um mich zurechtzufinden.
Da kommt ein Unbekannter hinzu und sagt mir:
»Lieber Freund, blas deine Kerze aus,
um deinen Weg besser zu finden.«
Dieser Unbekannte ist ein Theologe.

Wenn die Vernunft ein Geschenk des Himmels ist
und man vom Glauben das gleiche sagen kann,
so hat uns der Himmel
zwei unvereinbare Geschenke gemacht.

MARLENE DIETRICH
(1901 – 1992)
Deutsche Schauspielerin

Wenn es tatsächlich
so etwas wie ein höchstes Wesen gibt, muss es verrückt sein.

THEODOSIUS DOBZHANSKY
(1900 – 1975)
Ukrainischer Evolutionsbiologe

Einer der ersten Gegner der Evolutionstheorie
hatte ein Buch mit dem Titel »Omphalos«,
»Der Nabel«, veröffentlicht.
Im Wesentlichen behauptete er darin,
dass Adam, obgleich er keine Mutter hatte,
einen Nabel besaß,

und dass die Fossilien von Gott dort versteckt wurden,
wo wir sie heute finden,
um uns bewusst den Eindruck zu vermitteln,
dass die Welt weit älter sei, als sie in Wirklichkeit ist.
Müsste es nicht eigentlich eine Blasphemie sein,
Gott eine derartige Arglist zu unterstellen?

Welchen Sinn sollte es haben,
zwei oder drei Millionen verschiedene Arten
auf der Erde zu erschaffen?
War Gott in großzügiger Stimmung
oder einfach zu Scherzen aufgelegt,
als er beispielsweise Psilopa petrolei schuf?
Aus der Sicht der Evolution ist all dies verständlich.
Doch aus der Sicht Gottes
scheint es eine vollkommen sinnlose Unternehmung zu sein,
Millionen von Arten ex nihilo zu schaffen
und dann die meisten von ihnen
aussterben zu lassen.

THEODORE DREISER
(1871 – 1945)
Amerikanischer Schriftsteller

Versichere einem Menschen, dass er eine Seele habe
und erzähle ihm furchteinflößende Ammenmärchen
darüber, was mit ihr nach seinem Tode geschehen werde,
und schon hast du einen Sklaven gemacht.

ALEXANDRE DUMAS DER JÜNGERE
(1824 – 1895)
Französischer Schriftsteller

Wenn Gott dazu verurteilt würde,
das Leben zu leben, das er uns zum Geschenk
gemacht hat,
würde er sich umbringen.

FINLEY PETER DUNNE
(1867 – 1937)
Amerikanischer Satiriker

Ein Fanatiker ist ein Mann, der zu tun glaubt,
was Gott tun würde, wenn er nur die Fakten kennen würde.

UMBERTO ECO
(1932 –)
Italienischer Schriftsteller

Fürchte Propheten und solche,
die behaupten, dass sie für die Wahrheit
zu sterben bereit seien,
denn zumeist lassen sie andere mit sich sterben
oder gar an ihrer Stelle sterben.

ALBERT EINSTEIN
(1879 – 1955)
Deutscher Physiker

Ich glaube an den Gott Spinozas,
der sich in der gesetzlichen Harmonie des Seienden offenbart, nicht an einen Gott, der sich mit den Schicksalen
und Handlungen der Menschen abgibt.

Der Glaube an einen persönlichen Gott
ist mir völlig fremd und kommt mir sogar naiv vor.

Wenn die Menschen nur deshalb gut sind,
weil sie sich vor Strafe fürchten und auf Belohnung hoffen,
sind wir wirklich ein armseliger Haufen.

Das Wort Gott
ist für mich nichts als Ausdruck menschlicher Schwächen,
die Bibel eine Sammlung ehrwürdiger,
aber doch reichlich primitiver Legenden.
Keine noch so feinsinnige Auslegung
kann etwas daran ändern.

Für mich ist die unverfälschte jüdische Religion
wie alle anderen Religionen
eine Inkarnation des primitiven Aberglaubens.
Und das jüdische Volk,
zu dem ich gerne gehöre und mit dessen Mentalität ich

tief verwachsen bin, hat für mich keine andersartige
Qualität als alle anderen Völker.
So weit meine Erfahrung reicht,
ist es auch um nichts besser
als andere menschliche Gruppierungen,
wenn es auch durch Mangel an Macht
gegen die schlimmsten Auswüchse gesichert ist.
Ansonsten kann ich nichts »Auserwähltes«
an ihm wahrnehmen.

RALPH WALDO EMERSON
(1803 – 1882)
Amerikanischer Dichter

Die religiösen Schriften des einen Zeitalters sind die
Dichtung des anderen.

Am Ende ist nichts heilig
außer der Integrität deines Verstandes.

EPIKUR
(341 – 270 v.u.Z.)
Griechischer Philosoph

Ist Gott willens, aber nicht fähig, die Übel zu verhindern?
Dann ist er nicht allmächtig.
Ist er fähig, aber nicht willens?
Dann ist er nicht allgütig.
Ist er sowohl fähig als auch willens?
Woher kommen dann die Übel?

Wenn Gott die Gebete erhörte,
würde es die Menschen schon bald nicht mehr geben,
da sie sich für gewöhnlich
nur Schlechtes an den Hals wünschen.

SUSAN ERTZ
(1894 – 1985)
Britische Schriftstellerin

Millionen sehnen sich nach Unsterblichkeit, obgleich sie
noch nicht einmal an einem verregneten Nachmittag
etwas mit sich anzufangen wissen.

EURIPIDES
(480 – 406 v.u.Z.)
Griechischer Dichter

Ich opfere keinen Göttern, außer mir selbst;
vor allem meinem Bauch, dem größten aller Gottheiten.

FEDERICO FELLINI
(1920 – 1993)
Italienischer Regisseur

Wie so viele Menschen habe ich keine Religion.
Es kommt mir vor, als würde ich in einem Boot sitzen,
das sich ziellos von den Wogen tragen lässt.
Dennoch empfinde ich es als würdevoll,
einfach weiter seiner Arbeit nachzugehen.

LUDWIG FEUERBACH
(1804 – 1872)
Deutscher Philosoph

Der Religion ist nur das Heilige wahr,
der Philosophie nur das Wahre heilig.

Nicht Gott schuf den Menschen nach seinem Bilde,
der Mensch schuf Gott nach seinem Bilde.

Nur wer keine irdischen Eltern hat,
braucht himmlische Eltern.

Wenn der Mensch nicht stürbe,
wenn er ewig lebte,
wenn also kein Tod wäre,
so wäre auch keine Religion.

Wo die Moral auf die Theologie,
das Recht auf göttliche Einsetzung gegründet wird,
da kann man die unmoralischsten,
unrechtlichsten, schändlichsten
Dinge rechtfertigen.

RICHARD P. FEYNMAN
(1918 – 1988)
Amerikanischer Physiker

Ich kann mit Zweifel und Unsicherheit leben.
Ich denke, es ist weit interessanter,
mit unbeantworteten Fragen zu leben, als mit Antworten,
die falsch sein können.

HENRY FIELDING
(1707 – 1754)
Englischer Schriftsteller

Es hat noch keinen Menschen gegeben,
der sich hingesetzt und über
seine Religion nachgedacht hat,
ohne sie am Ende zu verwerfen.

E. M. FORSTER
(1879 – 1970)
Englischer Schriftsteller

Ich glaube nicht an den Glauben.
Aber in einer Zeit, in der wir
von militanten Religionen umgeben sind,
erfordert die Notwehr, einen eigenen Glauben zu haben.
Meiner besteht in Toleranz, Milde und Mitleid.

BENJAMIN FRANKLIN
(1706 – 1790)
Amerikanischer Staatsmann,
Wissenschaftler, Erfinder und Philosoph

Leuchttürme sind wichtiger als Kirchen.

Im Glauben zu sehen,
heißt, das Auge der Vernunft zu schließen.

SIGMUND FREUD
(1856 – 1939)
Österreichischer Neurologe
und Begründer der Psychoanalyse

Wenn es sich um Fragen der Religion handelt,
machen sich die Menschen
aller möglichen Unaufrichtigkeiten
und intellektuellen Unarten schuldig.

Die Religion ist ein System von Lehren und Verheißungen,
das dem gemeinen Mann
einerseits die Rätsel dieser Welt aufklärt
und ihm andererseits zusichert,
dass eine Vorsehung über sein Leben wachen wird.
Diese Vorsehung kann der gemeine Mann
sich nicht anders als in der Person eines himmlischen
Vaters vorstellen.

Nur ein solcher
kann die Bedürfnisse des Menschenkindes kennen,
durch seine Bitten erweicht und
durch seine Reue beschwichtigt werden.
Das ganze ist so offenkundig infantil,
so wirklichkeitsfremd,
dass es einer menschenfreundlichen Gesinnung
schmerzlich wird zu denken,
die große Mehrheit der Sterblichen werde sich niemals über
diese Auffassung des Lebens erheben können.
Noch beschämender wirkt es zu erfahren,
ein wie großer Anteil der heute Lebenden,
die es einsehen müssen,
dass diese Religion nicht zu halten ist,
doch Stück für Stück von ihr in
kläglichen Rückzugsgefechten
zu verteidigen sucht.

ROBERT FROST
(1874 – 1963)
Amerikanischer Dichter

Sei kein Agnostiker – sei etwas.

Ich halte es für das unveräußerliche Recht
eines jeden Menschen,
auf seine eigene Weise in die Hölle zu fahren.

GALILEO GALILEI
(1564 – 1642)
Italienischer Mathematiker und Astronom

Ich fühle mich nicht zu dem Glauben verpflichtet,
dass derselbe Gott,
der uns mit Sinnen, Vernunft und Verstand ausgestattet hat,
von uns verlangt,
dieselben nicht zu benutzen.

TERRY GILLIAM
(1940 –)
Britischer Regisseur und Mitglied von Monty Python

Als wir »Das Leben des Brian« machten,
sind wir von den Christen verteufelt worden.
Doch das Christentum erfreut sich besser Gesundheit.
Ich denke, wenn deine Religion so verletzbar ist,
dass sie keinerlei Respektlosigkeit verträgt,
dann ist sie es auch nicht wert,
geglaubt zu werden.

EDMOND DE GONCOURT
(1822 – 1896)
Französischer Schriftsteller

Wenn es einen Gott gibt,
muss ihm der Atheismus als eine geringere Beleidigung
als die Religion erscheinen.

REMY DE GOURMONT
(1858 – 1915)
Französischer Philosoph

Seit zweitausend Jahren erklärt uns das Christentum:
Das Leben ist der Tod und der Tod ist das Leben.
Es ist höchste Zeit, ein Wörterbuch zu konsultieren.

MATT GROENING
(1954 –)
*Amerikanischer Karikaturist
und Schöpfer der Serie »Die Simpsons«*

Lasst uns beten:
Lieber Gott, wir haben für alles selbst bezahlt,
also danke für nichts.

FRIEDRICH DER GROSSE
(1712 – 1786)
König von Preußen

Sie glauben, dass Gott sich um Sie kümmert?
Er schert sich weder um Sie noch um mich.
Mein Gebet lautet:
Gott, wenn du existierst,
sei meiner Seele gnädig,
falls ich eine habe.

Wenn ich nicht zum Abendmahl gehe, so geschieht es,

weil ich nicht auf dem Standpunkt
des christlichen Glaubens stehe.
Ich finde ihn widersinnig und möchte um nichts auf der Welt
die Fehler, die ich schon habe, durch das Laster
der Heuchelei vermehren;
denn ich will niemanden täuschen,
und man soll der Welt zeigen,
dass man ein Ehrenmann sein kann,
ohne an die jungfräuliche Geburt und an das Wunder der
Hostie zu glauben.

Ich finde die Arbeiten unserer Philosophen
für sehr nützlich,
weil sie die Menschen wegen ihres
Fanatismus und ihrer Intoleranz
beschämen müssen und weil man der Menschheit dient,
wenn man diese grausamen und schrecklichen Torheiten
bekämpft.

Die Menschen mögen also an die Unsterblichkeit glauben;
ich habe nichts dagegen, vorausgesetzt,
dass sie sich deshalb nicht verfolgen.

EDWARD GIBBON
(1737 – 1794)
Britischer Historiker

Die Religion, zu der sich die Menschen bekennen,
ist letztlich nur eine Frage der Geographie.

Die Religion wurde zu allen Zeiten vom Volk als wahr,
von den Weisen als falsch und von den Herrschern als
nützlich betrachtet.

JOHANN WOLFGANG VON GOETHE
(1749 – 1832)
Deutscher Dichter

In religiösen Dingen,
in wissenschaftlichen und politischen,
überall machte es mir zu schaffen,
dass ich nicht heuchelte,
und dass ich den Mut hatte, mich auszusprechen,
wie ich empfand.
Ich glaubte an Gott und die Natur
und an den Sieg des Edlen über das Schlechte;
aber das war den frommen Seelen nicht genug;
ich sollte auch glauben, dass Drei Eins sei und Eins Drei.
Das aber widerstand dem Wahrheitsgefühl meiner Seele.

Da ich zwar kein Widerchrist, kein Unchrist,
aber doch ein decidierter Nichtchrist bin,
so hat mir dein *Pilatus* widrige Eindrücke gemacht.

Die Geschichte des guten Jesus hab ich nun so satt,
dass ich sie von keinem als allenfalls
von ihm selbst hören möchte.

J. B. S. HALDANE
(1892 – 1964)
Britischer Evolutionsbiologe

In meiner wissenschaftlichen Praxis bin ich Atheist.
Wenn ich ein Experiment durchführe, gehe ich davon aus,
dass kein Gott, Engel oder Teufel
auf seinen Verlauf Einfluss nimmt.
Diese Annahme hat sich in meiner wissenschaftlichen
Karriere bewährt.
Ich wäre daher intellektuell unredlich,
wenn ich nicht auch im täglichen Leben ein Atheist wäre.
Und es wäre geradezu feige,
wenn ich zu meiner Ansicht nicht auch
in der Öffentlichkeit stehen würde.

BUTCH HANCOCK
(1945 –)
Amerikanischer Folksänger

Das Leben in Lubbock, Texas, hat mich zwei Dinge gelehrt.
Das eine ist, dass Gott mich liebt und ich in der Hölle
schmoren werde.
Das andere ist, dass Sex schmutzig ist
und ich damit warten sollte,
bis ich jemanden gefunden habe, den ich liebe.

JOHN HARTUNG
(1948 –)
Amerikanischer Anthropologe

Die Bibel ist ein Regelwerk der Gruppenmoral
mit Anweisungen zum Völkermord,
zur Versklavung und zur Weltherrschaft.
Böse ist die Bibel aber nicht wegen ihrer Ziele
und noch nicht einmal wegen ihrer Verherrlichung von
Mord, Grausamkeit und Vergewaltigung.
So etwas findet man in vielen antiken Werken,
unter anderem in der Ilias, den Sagen der alten Syrer
und den Inschriften der Mayas.
Aber niemand verkauft die Ilias
als Fundament unserer Ethik.

STEPHEN HAWKING
(1942 –)
Britischer Physiker

Ich glaube nicht an einen persönlichen Gott.

FRIEDRICH HEBBEL
(1813 -1863)
Deutscher Dichter

Die Welt ist Gottes Sündenfall.

Ich glaube nicht an einen guten Hausvater über den
Sternen, der, zu ohnmächtig, die Wunden seiner lieben

Kinder zu verhüten, doch allmächtig genug ist,
sie alle zu heilen.

Warum schrieb Christus nicht,
wenn er die Evangelien wollte?

Die Menschheit lässt sich keinen Irrtum nehmen,
der ihr nützt.

HEINRICH HEINE
(1797 – 1856)
Deutscher Dichter

In dunkeln Zeiten
wurden die Völker am besten durch die Religion geleitet,
wie in stockfinstrer Nacht ein
Blinder unser bester Wegweiser ist;
er kennt Wege und Stege besser als ein Sehender.
Es ist aber töricht, sobald es Tag ist,
noch immer die Blinden als Wegweiser zu gebrauchen.

Wenn die Religion uns nicht mehr verbrennen kann,
kommt sie bei uns betteln.

CLAUDE ADRIEN HELVÉTIUS
(1715 – 1771)
Französischer Schriftsteller und Philosoph

Wenn die Christen hinsichtlich des karthagischen Moloch,
dem Menschen geopfert wurden, so oft hervorgehoben
haben, dass die Grausamkeit einer solchen Religion ein
Beweis für ihre Falschheit sei:
Wie oft haben dann nicht unsere fanatischen Priester den
Ketzern Gelegenheit gegeben,
dieses Argument gegen sie zu kehren?

ERNEST HEMINGWAY
(1899 – 1961)
Amerikanischer Schriftsteller

Alle denkenden Menschen waren Atheisten.

EDGAR HILSENRATH
(1926 –)
Deutscher Schriftsteller

Alle großen Heilslehren machen mir Angst,
besonders dann, wenn sie vom Staat und der Kirche
gepachtet werden.
Im Namen einer umwälzenden,
menschenbeglückenden, sozialen Gerechtigkeit
verschwanden Millionen für immer hinter Stacheldraht, und
im Namen des Christentums brannten die Scheiterhaufen.
Den Fackeln der Menschheitsbeglückern traue ich nicht.

CHRISTOPHER HITCHENS
(1949 –)
Britischer Journalist

Wer falschen Trost anbietet, ist ein falscher Freund.

Die monotheistischen Religionen sind
plagiierte Plagiate unverbürgter Gerüchte.

Die alten jüdischen Bücher
präsentieren einen übel gelaunten, unerbittlichen,
blutigen und provinziellen Gott,
der womöglich am meisten Angst verbreitete,
wenn er guter Stimmung war –
die klassische Eigenschaft des Diktators.

Wenn die religiöse Unterweisung erst in einem Alter
zugelassen wäre,
in dem Kinder selbständig denken können,
würden wir in einer völlig anderen Welt leben.

Jesus wurde von Maria geboren,
die vom heiligen Geist schwanger war.
Ja, und der griechische Halbgott Perseus wurde
geboren, nachdem Zeus die Jungfrau Danae in Gestalt
eines Goldregens besucht und geschwängert hatte.
Buddha kam durch eine Öffnung in der Hüfte
seiner Mutter zur Welt. Die Jungfrau Nana

pflückte die Frucht eines Mandelbaums,
legte sie sich in den Schoß und gebar den Gott Attis.
Die jungfräuliche Tochter eines Mongolenkönigs
erwachte eines Nachts von einem grellen Licht,
das sie umgab,
und gebar den Dschingis Khan. Krishna wurde von der
Jungfrau Devaki geboren, Horus von der Jungfrau Isis.
Die Jungfrau Maia gebar Hermes,
Die Jungfrau Rhea Silvia Romulus.
Aus irgendeinem Grund betrachten viele Religionen den
Geburtskanal zwanghaft als Einbahnstraße.

Viele Religionen kommen heute
schmeichlerisch lächelnd mit ausgebreiteten Armen
auf uns zu
wie schmierige Händler auf einem Basar.
Im Wettbewerb mit anderen Marktschreiern
versprechen sie uns Trost, Solidarität und Läuterung.
Aber wir dürfen daran erinnern,
wie barbarisch sie sich aufgeführt haben,
als sie noch stark waren und
den Menschen ein Angebot machten,
das sie nicht ablehnen konnten.

Eine Woche vor dem 11. September 2001
nahm ich an einer Podiumsdiskussion
mit Dennis Prager teil,
der in Amerika als Moderator religiöser Radiosendungen
recht bekannt ist. Als er mich aufforderte, eine, wie er
sich ausdrückte,

»direkte Frage mit Ja oder Nein« zu beantworten,
erklärte ich mich gern dazu bereit.
Also gut, sagte er.
Ich solle mir vorstellen,
ich befinde mich in einer mir fremden Stadt,
und die Nacht breche herein.
Ich sähe mehrere Männer auf mich zukommen.
Würde ich mich nicht sicherer fühlen,
wenn ich wüsste, dass sie gerade
aus einer Gebetsversammlung kämen?
Diese Frage kann man natürlich nicht
mit Ja oder Nein beantworten.
Dennoch konnte ich auf Anhieb
eine Antwort auf die Frage geben,
die für mich ganz und gar nicht hypothetisch war.
»Ich beschränke mich jetzt einmal auf den Buchstaben B.
In Belfast, Beirut, Bombay, Belgrad, Bethlehem, Bagdad
habe ich so eine Situation schon erlebt.
In jedem Fall kann ich behaupten,
dass ich mich unmittelbar bedroht fühlte,
wenn ich annahm, dass die Männer,
die mir im Dämmerlicht begegneten,
aus einer religiösen Veranstaltung kamen.

Ich überlasse es den Gläubigen,
sich gegenseitig die Kirchen, Moscheen und Synagogen
niederzubrennen, was sie immer wieder zuverlässig tun.

THOMAS HOBBES
(1588 – 1679)
Britischer Philosoph

Religionen sind wie Pillen,
die man in einem Stück schlucken muss,
ohne zu kauen.

NORBERT HOERSTER
(1937 –)
Deutscher Philosoph

Sehr viele grundlegende, philosophische Fragen
sind bis heute ungelöst und werden wohl
immer ungelöst bleiben.
Die Annahme der Existenz eines göttlichen Weltschöpfers
trägt zu ihrer Lösung jedoch nichts bei.
Denn jedenfalls über Eigenschaften,
Verhalten und Absichten eines solchen Weltschöpfers
können wir uns keine
begründeten Vorstellungen machen.
Dieser Tatsache tragen
viele moderne Theologen sogar Rechnung,
indem sie in ihren apologetischen Äußerungen häufig
vom »unbekannten« Gott sprechen.
Leider hindert das dieselben Theologen nicht daran,
im praktischen Leben immer dann,
wenn es ihren Zwecken dienlich ist,
durchaus sehr spezifische Folgerungen
aus dem Wesen und den Absichten Gottes
zu ziehen.

Dass das Christentum
besondere moralische Vorzüge genießt,
kann wohl nur behaupten,
wer die zweitausendjährige Geschichte dieser Religion
und ihrer Auswirkungen lediglich
aus dem offiziellen Religionsunterricht kennt.

Nur eine Religion,
die der Vernunft einfach den Rücken kehrt,
wird auf die Dauer auch von ihr verschont bleiben.

PAUL THIRY D'HOLBACH
(1723 – 1789)
Französischer Philosoph

Man sagt uns,
der Gott, der alle Menschen erschaffen habe,
habe sich nur einer sehr kleinen Anzahl von ihnen zu
erkennen geben
wollen, und während diese wenigen ausschließlich
seiner Güte teilhaftig werden,
seien alle anderen nur Gegenstand seines Zorns,
und er habe sie nur geschaffen,
um sie in der Verblendung zu belassen,
damit er sie aufs grausamste bestrafen könne.
Die Lehren von der Vorherbestimmung
und der Gnade weisen
daher auf einen despotischen Gott hin,
und man bemüht sich vergeblich,
uns diesen als gerecht hinzustellen.

Welcher Mensch, der gut ist,
würde nicht seine Mitmenschen glücklich machen wollen?
Warum macht Gott die Menschen nicht glücklich?

In der Bibel treffen wir stets auf einen weisen Gott,
der sich wie ein Unsinniger gebärdet,
der sein eigenes Werk zerstört, um es wiederherzustellen,
der das bereut, was er getan hat,
der so handelt, als habe er nichts vorausgesehen,
der gezwungen ist, all das zuzulassen,
was seine Allmacht doch verhindern konnte.

Wenn der Töpfer gegen die Vase, die er geformt hat,
in Wut gerät, weil sie nicht gut geworden ist,
müsste er sich dann die Schuld
nicht eigentlich selbst zuschreiben?

Warum hat Gott den Menschen eine Freiheit verliehen,
von der er wissen musste,
dass sie sie missbrauchen werden?

Wenn ein Gott existierte und wenn dieser Gott
ein von Gerechtigkeit, Vernunft und Güte
erfülltes Wesen wäre,
was hätte ein tugendhafter Atheist dann zu fürchten,
der im Moment seines Todes einem Gott gegenüberstände,
den er Zeit seines Lebens verkannt hat?
»O Gott, der du dich unsichtbar gemacht hast«, würde

er sagen, »unbegreifliches Wesen, das ich zu entdecken
nicht fähig war, verzeih mir,
dass der beschränkte Verstand, den du mir gabst,
dich nicht hat erkennen können.
War es mir denn möglich, dein geistiges Wesen
mit Hilfe meiner Sinne zu erfassen?
Mein Geist vermochte sich nicht der Autorität einiger
Menschen zu beugen,
die über dich so wenig wissen konnten wie ich
und die allein darin übereinstimmten,
mich lauthals zum Opfer jener Vernunft aufzurufen,
die du mir geschenkt hattest.«

OLIVER WENDELL HOLMES
(1809 – 1894)
Amerikanischer Richter

Der Mann, der sich beständig darum sorgt,
ob seine Seele verdammt oder gerettet wird,
hat in aller Regel eine Seele,
die keinen Pfifferling wert ist.

SIDNEY HOOK
(1902 – 1989)
Amerikanischer Philosoph

Was auch immer
an der westlichen Kultur nicht in Ordnung ist,
es gibt dagegen keine religiösen Heilmittel,
weil alle schon ausprobiert worden sind.

FRED HOYLE
(1915 – 2001)
Britischer Astronom

Die Religion ist ein verzweifelter Versuch,
der grausamen Welt und unserem fürchterlichen Los
zu entfliehen. Wir leben in diesem Universum ohne die
geringste Ahnung, ob unserer Existenz
irgendeine wirkliche Bedeutung zukommt.
Kein Wunder also, dass viele Menschen
das Bedürfnis nach einem Glauben verspüren, der ihnen
Halt und Sicherheit gewährt; und kein Wunder, dass sie
Leuten wie mir böse sind, die ihnen sagen, dass sie sich
einer Illusion hingeben.

VICTOR HUGO
(1802 – 1885)
Französischer Schriftsteller

Wenn dein Gott dich
nach seinem eigenen Bilde
geschaffen hat,
muss er ziemlich hässlich sein.

DAVID HUME
(1711 – 1776)
Schottischer Philosoph

Während die Irrtümer in der Philosophie
bloß lächerlich sind,

sind die Irrtümer in der Religion gefährlich.

Alle Theorien,
die von unseren Wünschen begünstigt werden,
sind verdächtig.

Auf Epikurs alte Frage gibt es noch immer keine Antwort.
Ist Gott willens, aber nicht fähig, Übel zu verhindern?
Dann ist er ohnmächtig.
Ist er fähig, aber nicht willens? Dann ist er boshaft.
Ist er sowohl fähig als auch willens?
Woher kommt dann das Übel?

Vielleicht ist diese Welt bloß der erste,
noch ungeübte Versuch einer Gottheit im Kindesalter,
die später, beschämt über ihre schwache Vorstellung,
die Flinte ins Korn warf;
oder sie ist nur das Werk einer
unselbständigen und untergeordneten Gottheit,
das den Vorgesetzten dieser Gottheit zum Spott dient.

Nach unseren Begriffen
sollte die Strafe dem Vergehen angemessen sein.
Warum denn ewige Strafe für zeitliche Vergehen?
Kann irgend jemand
die Wut Alexander des Großen billigen,
der beabsichtigte, ein ganzes Volk auszulöschen,
weil man ihm sein Lieblingspferd
Bucephalus geraubt hatte?

ALDOUS HUXLEY
(1894 – 1963)
Britischer Schriftsteller

Möglicherweise ist die Erde
nur die Hölle einer anderen Welt.

JULIAN HUXLEY
(1887 – 1975)
Britischer Evolutionsbiologe

Ich erinnere mich an eine Disputation
zwischen einem Theologen und einem Philosophen, in
der der Theologe behauptete, dass die Philosophen einem
blinden Mann ähneln, der in einem dunklen Raum eine
schwarze Katze suche, die gar nicht da sei. »Das mag
wohl sein«, erwiderte der Philosoph, »doch ein
Theologe würde sie gewiss gefunden haben.«

THOMAS HENRY HUXLEY
(1825 – 1895)
Englischer Evolutionsbiologe

Zweifel ist die größte aller Tugenden,
blinder Glaube die größte aller Sünden.

ROBERT G. INGERSOLL
(1833 – 1899)
Amerikanischer Politiker

Wenn es einen Gott gibt,
der einige seiner Kinder verdammt,
nur weil sie nicht an ihn glauben,
will ich lieber in die Hölle als in den Himmel.

Wenn Jesus tatsächlich gesagt hat,
er sei nicht gekommen, um Frieden zu bringen,
sondern um das Schwert zu bringen,
dürfte dies die einzige Prophezeiung der Bibel sein,
die wahr geworden ist.

Warum sollten wir erwarten,
dass Gott die nächste Welt besser gemacht hat
als die jetzige?

Wenn die Bibel und mein Verstand vom selben Schöpfer
stammen, wessen Schuld ist es dann, dass sich die Bibel
und mein Verstand einfach nicht vertragen können?

Ich bemerke immer wieder,
dass ausgerechnet die Leute, deren Seelen am kleinsten
sind, die größten Anstrengungen unternehmen,
sie zu retten.

Was mich betrifft, so würde ich meinen Sohn nicht töten,
selbst wenn es mir der wahre Schöpfer des Universums
gebieten sollte.

Christen versichern mir, dass sie ihre Feinde lieben.
Ich würde dies nie von ihnen verlangen. Alles was ich
mir ausbitte, ist, dass sie diejenigen, die anderer Meinung
sind, in Ruhe lassen.

Die Geschichte zeigt, dass es einfacher ist,
zwei Ungläubige zu töten als einem Ungläubigen
zu antworten.

Über Jahrhunderte
waren das Kreuz und das Schwert Verbündete.
Gemeinsam haben sie die Rechte der Menschen mit
Füßen getreten.

Gebt der Kirche einen Platz in der Verfassung,
lasst sie noch einmal das Zepter der Macht berühren,
und die mühselig erkämpften Errungenschaften
von Jahrhunderten
werden sich in Asche verwandeln.

Die Kirchen haben kein Vertrauen zueinander.
Warum?
Sie kennen einander zu gut.

Häresie ist eine Wiege, Orthodoxie ein Sarg.

Angst glaubt, Mut zweifelt.
Angst betet, Mut denkt.
Angst ist Religion, Mut ist Wissenschaft.

Wie unsere Kleidung, so hängt auch unsere Religion
ganz davon ab, wo wir geboren wurden.
Wären wir am Bosporus geboren,
würden wir zu Allah beten.
Wären wir an den Ufern des Ganges geboren,
würden wir zu Shiva beten.

Wenn Sie jemanden treffen,
der heute noch an den Garten Eden glaubt,
klopfen sie kurz an seinen Kopf.
Ich bin zuversichtlich, dass Sie ein Echo hören werden.

Prediger sagen, dass sie Barmherzigkeit lehren.
Dies ist nur natürlich.
Schließlich leben sie von den Almosen anderer.
Alle Bettler lehren, dass man geben sollte.

Obgleich ich
alle orthodoxen Glaubensbekenntnisse ablehne,
habe ich doch ein eigenes. Es besagt:
Das Glück der Menschen ist das einzige wahre Gut.

Die Zeit, glücklich zu sein, ist jetzt.
Der Ort, glücklich zu sein, ist hier.
Und der Weg, glücklich zu werden, besteht darin,
andere glücklich zu machen.

THOMAS JEFFERSON
(1743 – 1826)
Dritter Präsident der Vereinigten Staaten von Amerika

Die legitime Macht des Staates
beschränkt sich darauf, seine Bürger vor Verletzungen
durch andere zu schützen.
Ob mein Nachbar an zwanzig Götter
oder keinen einzigen glaubt,
verletzt mich in keiner Weise.
Dies raubt mir weder meine Börse
noch bricht es mir ein Bein.

Unsere Bürgerrechte hängen
genauso wenig von unseren religiösen Ansichten ab wie
von unseren Ansichten zur Physik oder Geometrie.

Staatskirchen,
welche die Macht der Regierung dazu benutzen,
sich selbst zu erhalten und den Mitgliedern
anderer Religionen
ihren Glauben aufzuzwingen,
untergraben unsere Bürgerrechte.
Eine Trennung von Staat und Kirche

ist daher unerlässlich in jeder freien Gesellschaft.

Wenn gute Taten nur um der Liebe Gottes willen
vollbracht werden, woher rührt dann
die Moralität der Atheisten?
Es ist müßig zu sagen, wie es einige tun, dass es keine
moralischen Atheisten gebe.
Diderot, D'Alembert, D'Holbach, Condorcet
sind bekannt dafür, zu den tugendhaftesten Menschen
gehört zu haben.

Schüttle alle Angst
vor den unterwürfigen Vorurteilen ab,
unter denen sich schwache Geister so demütig ducken.
Setze die Vernunft fest in ihren Sattel
und rufe sie als Richterin
für alle Tatsachen und jede Meinung an.
Stelle voller Kühnheit sogar die Existenz Gottes in Frage;
denn wenn es ihn geben sollte, muss er
der Reverenz an die Vernunft mehr Zustimmung zollen
als blinder Furcht.

Die Priester fürchten den Fortschritt der Wissenschaften
wie die Hexen den Anbruch des Tages und blicken finster
auf den tödlichen Boten,
welcher die Zerstörung der Bauernfängerei ankündigt,
von der sie leben.

Die einzige Waffe,
die man gegen unverständliche Aussagen einsetzen kann,

ist der Spott. Vorstellungen müssen klar umrissen sein,
erst dann kann die Vernunft sich mit ihnen beschäftigen;
und von der Dreieinigkeit hatte kein Mensch jemals eine
klar umrissene Vorstellung.
Es ist nur das Abrakadabra jener Scharlatane,
die sich als Priester Jesu bezeichnen.

Eine Professur für Theologie
sollte in unserer Universität keinen Platz haben.

Ich glaube an eine Trinität –
sie besteht aus
Francis Bacon, Issac Newton und John Locke.

Der christliche Gott ist ein dreiköpfiges Monster,
launisch, rachsüchtig und grausam.
Wer mehr über dieses Ungeheuer
erfahren möchte, sehe sich nur die Menschen an,
die vorgeben, ihm zu dienen:
Narren und Heuchler.

BILLY JOEL
(1949 –)
Amerikanischer Musiker

Ich bin nicht katholisch erzogen worden.
Dennoch bin ich öfter mit Freunden in der Messe gewesen.
Das ganze erschien mir wie ein einziger Hokuspokus.

Da hängt jemand blutüberströmt am Kreuz
und alle werfen sich vor,
für sein Leiden verantwortlich zu sein.
Nicht mit mir. Ich glaube nicht an eine Erbsünde.
An meinen Händen klebt kein Blut.

FRANZ KAFKA
(1883 – 1924)
Österreichischer Schriftsteller

Wie kann denn überhaupt jemand schuldig sein?
Wir sind Gottes Geschöpfe. Wenn wir schuldig sind, was
ist er dann?

WENDY KAMINER
(1950 –)
Amerikanische Rechtswissenschaftlerin

In diesem Land genießen
Atheisten etwa genauso viel Sympathien wie Pädophile.

WALTER A. KAUFMANN
(1921 – 1980)
Deutsch-Amerikanischer Philosoph

Die einzige Form von Theismus,
der man mit Respekt begegnen kann,
ist ein Gottesglaube, an dem man nicht wegen, sondern
trotz der Beschaffenheit dieser Welt festhält.

Man betrachte die Frohe Botschaft einmal so,
wie sie für jemanden erscheint, der nicht als gläubiger
Christ von vornherein vom Christentum eingenommen
ist: Gott bewirkt, dass eine mit Joseph verlobte Jungfrau
seinen eigenen Sohn empfing, und dieser Sohn musste,
nachdem verraten und gekreuzigt,
wieder auferstehen, damit all jene (und nur jene)
gerettet werden können, die zum einen diese Geschichte
glauben und zum anderen getauft werden
und bei regelmäßigen Gelegenheiten das essen und
trinken, was nach ihrer eigenen Überzeugung
das Fleisch und Blut dieses Sohnes ist.

GERRISON KEILLOR
(1942 –)
Amerikanischer Komiker

Meine Vorfahren waren Puritaner aus England.
Sie sind im Jahre 1648 hier angekommen,
weil sie auf größere Restriktionen hofften,
als im damaligen England zulässig waren.

FLORYNCE KENNEDY
(1916 – 2000)
Amerikanische Feministin

Ist es nicht seltsam, dass ausgerechnet die Männer
der beiden frauenfeindlichsten Berufsstände,
nämlich Priester und Richter,
Kleider tragen?

GOTTFRIED KELLER
(1819 – 1890)
Schweizer Dichter

Wie trivial erscheint mir gegenwärtig die Meinung,
dass mit dem Aufgeben der sogenannten religiösen Ideen
alle Poesie und erhöhte Stimmung
aus der Welt verschwände!
Im Gegenteil!
Die Welt ist mir unendlich schöner und tiefer geworden,
das Leben ist wertvoller und intensiver,
der Tod ernster, bedenklicher
und fordert mich nun erst mit aller Macht auf,
meine Aufgabe zu erfüllen,
da ich keine Aussicht habe,
das Versäumte in irgendeinem
Winkel der Welt nachzuholen.

JOMO KENYATTA
(1892 – 1978)
Erster Präsident des unabhängigen Kenius

Als die Missionare hier eintrafen,
hatten wir das Land und sie die Bibel.
Dann brachten sie uns bei,
mit geschlossenen Augen zu beten.
Als wir unsere Augen wieder öffneten,
hatten sie das Land und wir die Bibel.

JACK KEVORKIAN
(1928 –)
Amerikanischer Sterbehilfeaktivist

Mein Gott heißt Bach.
Zumindest habe ich mir meinen Gott nicht einfach
ausgedacht.

KARL KRAUS
(1874 – 1936)
Österreichischer Schriftsteller

Ein Blitzableiter auf einem Kirchturm
ist das denkbar stärkste Misstrauensvotum gegen den
lieben Gott.

Die Aufgabe der Religion:
die Menschheit zu trösten, die zum Galgen geht.

Der Teufel ist ein Optimist,
wenn er glaubt, dass er die Menschen schlechter machen
kann.

Klerus und Krieg:
Man kann auch den Mantel der Nächstenliebe nach dem
Winde hängen.

STANLEY KUBRICK
(1928 – 1999)
Amerikanischer Regisseur

Die ganze Idee eines Gottes ist absurd.
Wenn mein Film »2001: Odyssee im Weltraum«
überhaupt irgendetwas gezeigt hat, dann,
dass Gott ein handlicher Begriff für unsere Ignoranz ist.

MILAN KUNDERA
(1929 –)
Tschechischer Schriftsteller

Der Mensch wünscht sich eine Welt,
in der Gut und Böse leicht voneinander zu scheiden sind,
weil er dazu neigt,
erst zu verurteilen und dann zu verstehen.

CATHY LADMAN
(1962 –)
Amerikanische Komikerin

Alle Religionen sind gleich:
Sie sind Schuldgefühle mit unterschiedlichen Feiertagen.

RICHARD LEAKEY
(1944 –)
Britischer Paläoanthropologe

Obgleich ich Religionen als großen Betrug betrachte,
erscheint es mir doch offenkundig,
dass die meisten Menschen etwas brauchen,
worauf Humanisten verzichten können.
Wir sind in einer Minderheit und werden es vielleicht
auch immer bleiben.

STANISLAW J. LEC
(1909 – 1966)
Polnischer Jude und Holocaustüberlebender

Manchmal versucht der Teufel,
mich dazu zu verführen,
an Gott zu glauben.

Ich habe über eine Werbung für Verhütungsmittel nachgedacht: »Die Ungeborenen werden dich segnen.«

WILLIAM LECKY
(1838 – 1903)
Irischer Historiker

Es gibt keine wilden Tiere,
die so grausam sind, wie Christen, die unterschiedliche
Ansichten über Gott haben.

STANISLAW LEM
(1921 – 2006)
Polnischer Schriftsteller

Aus moralischen Gründen
bin ich Atheist – aus moralischen Gründen.
Ich denke, dass man den Schöpfer an seiner Schöpfung
erkennen kann.
Diese Welt erscheint mir jedoch so schmerzlich,
dass ich es vorziehe zu glauben,
sie wurde nicht absichtlich geschaffen.

JOHN LENNON
(1940 – 1980)
Englischer Musiker

Gott ist eine Idee, an der wir unser Leid messen.
Ich glaube nicht an Magie,
ich glaube nicht an I-Ching,
ich glaube nicht an die Bibel,
ich glaube nicht an Tarot,
ich glaube nicht an Hitler,
ich glaube nicht an Jesus.

GOTTHOLD EPHRAIM LESSING
(1729 – 1781)
Deutscher Dichter

Wenn ich überhaupt irgendjemandes Jünger bin,
dann Spinozas.

BENJAMIN BARR LINDSEY
(1869 – 1943)
Amerikanischer Richter

Die Kirchen haben ihre Auseinandersetzungen dadurch
gewonnen, dass sie die Atheisten, Agnostiker und
Herätiker verbrannten, was ein ausgezeichneter
Beweis dafür sein mag, dass es einen Teufel gibt,
doch ein schlechter Beweis dafür,
dass es einen Gott gibt.

LUCRETIUS
(94 – 49 v.u.Z.)
Römischer Philosoph

Alle Religionen erscheinen den Ignoranten göttlich,
den Politikern nützlich
und den Philosophen lächerlich.

JOHN LESLIE MACKIE
(1917 – 1981)
Australischer Philosoph

Der Naturalist hat zugestandenermaßen keine Antwort
auf die Frage, warum es überhaupt etwas gibt und nicht
vielmehr nichts.
Doch der Theist steht in gleicher Weise vor der Frage,
warum es einen Gott gibt und nicht vielmehr keinen.

Wenn es einen Gott gibt,
dann ist er nicht darauf angewiesen,
die Ziele, die er sich gesetzt hat,
durch Mittel zu erreichen.
Deshalb ist es müßig, sich in einer Theodizee
auf Mittel-Zweck-Beziehungen
zu berufen.

Die Moral bedarf keines Gottes
als der letzten Quelle all ihrer Forderungen
oder als des Garanten letzter Sanktionen.

JAMES MADISON
(1751 – 1836)
Vierter Präsident der Vereinigten Staaten von Amerika

Der Sinn der Trennung von Staat und Kirche
besteht darin, die Religionskriege fernzuhalten,
die den Boden Europas mit Blut getränkt haben.

Fast fünfzehn Jahrhunderte
lang steht die juristische Institution des
Christentums auf dem Prüfstand.
Was waren ihre Früchte? Mehr oder weniger
überall Überheblichkeit und Trägheit beim Klerus,
Unwissenheit und Unterwürfigkeit bei den Laien,
Aberglaube, Bigotterie und Schikanen bei beiden.

In noch keinem einzigen Fall sind die Kirchen je die
Beschützer menschlicher Freiheit gewesen.

FERDINAND MAGELLAN
(1480 – 1521)
Portugiesischer Seefahrer

Die Kirche sagt, die Erde sei flach,
aber ich weiß, sie ist rund,
denn ich habe ihren Schatten auf dem Mond gesehen, und
ich habe mehr Vertrauen in einen Schatten als in die Kirche.

BILL MAHER
(1956 – 2056)
Amerikanischer Komiker

Das Problem mit der organisierten Religion ist,
dass du nie direkt mit Gott sprechen kannst. Erst musst
du mit einem Priester reden, dann mit Maria, dann mit
Jesus, dann mit…
Es ist wie bei der KFZ-Zulassungsstelle.

BRONISLAW MALINOWSKI
(1884 – 1942)
Polnischer Ethnologe

Ich bin unfähig,
irgendeine Offenbarungsreligion zu akzeptieren,
sei sie christlich oder sonstwas.

KARL MARX
(1818 – 1883)
Deutscher Philosoph

Die Religion ist der Seufzer der bedrängten Kreatur
und das Gemüt einer herzlosen Welt.
Sie ist das Opium des Volkes.

ERNST MAYR
(1904 – 2005)
Deutsch-Amerikanischer Evolutionsbiologe

Es gibt nichts,
was die Vorstellung von einem persönlichen Gotte
unterstützen könnte.
Ich bin Atheist. Es gab große Evolutionsbiologen,
die an Gott geglaubt haben.
Aber ich habe nie verstanden, wie man im Gehirn
zwei völlig getrennte Fächer haben kann – im einen liegt
die Wissenschaft,
im anderen die Religion.

IAN MCKELLEN
(1939 –)
Britischer Schauspieler

Ich bin ein Atheist.
Gott, wenn sie denn existiert,
ist jedenfalls nicht Teil meines Lebens.

MARGARET MEAD
(1901 – 1978)
Amerikanische Ethnologin

Es ist eine offene Frage,
ob ein Verhalten, das auf Furcht vor ewiger Verdammnis
beruht, tugendhaft oder nur feige ist.

PETER MEDAWAR
(1915 – 1987)
Britischer Mediziner

Die einzige Möglichkeit, dass eine Religion
von allen Menschen geteilt wird,
besteht darin, alle Ungläubigen zu töten.

H. L. MENCKEN
(1880 – 1956)
Amerikanischer Essayist und Satiriker

Religionen stehen im Widerspruch zu allem,
was ich verehre:
Mut, Ehrlichkeit, klares Denken
und vor allem Liebe zur Wahrheit.

Seit ihren Anfängen hat sich die christliche Kirche
gegen die Befreiung des menschlichen Geistes gewehrt.
Zu allen Zeiten hat sie
schlechte Regierungen und schlechte Gesetze unterstützt.

Über Jahrhunderte hat sie sowohl die Sklaverei als auch
das Königtum von Gottes Gnaden verteidigt.

Die Leute sagen, wir brauchen eine Religion,
in Wirklichkeit meinen sie, dass wir die Polizei brauchen.

Die Sonntagsschule ist ein Gefängnis,
in dem die Kinder für das schlechte Gewissen ihrer
Eltern büßen müssen.

JOHN STUART MILL
(1806 – 1873)
Britischer Philosoph

Die Abneigung meines Vaters gegen die Religion
war von der gleichen Art wie bei Lukrez:
Er brachte ihr Gefühle entgegen,
wie sie einer Wahnvorstellung gebühren,
die großes moralisches Übel mit sich bringt.
Er erachtete sie als den größten Feind der Moral:
Erstens, weil sie künstliche Verdienste vorschreibt,
Glaubensbekenntnisse, fromme Gefühle
und Zeremonien, die nichts mit dem Guten
im Menschen zu tun haben – und dafür sorgt,
dass diese als Ersatz für echte Tugend anerkannt werden,
vor allem aber, weil sie den moralischen Maßstab
auf Äußerste verletzt; sie füllt ihn
mit dem Willen eines Wesens,
das sie mit allen Floskeln der Verehrung überhäuft,

jedoch, nüchtern betrachtet,
als ausnehmend abscheulich beschreibt.

Welche Macht auch ein solches Wesen über mich haben
mag, eines gibt es, was es nicht vermag:
Es wird mich nicht zwingen, es anzubeten.
Ich werde kein Wesen gut nennen,
das nicht das ist,
was ich darunter verstehe,
wenn ich dieses Eigenschaftswort
auf meine Mitmenschen anwende;
und wenn mich ein solches Wesen zur Hölle verdammen
kann, weil ich es nicht so nenne,
zur Hölle werde ich fahren.

ARTHUR MILLER
(1915 – 2005)
Amerikanischer Schriftsteller

Ich habe keine Religion.
Vielleicht würde ich an Gott glauben, wenn er an mich
glauben würde.

DENNIS MILLER
(1953 –)
Amerikanischer Komiker

Unter dem Druck konservativer Christen
haben einige Geschäfte jetzt angefangen, *Playboy* und
Penthouse aus ihren Regalen zu nehmen.

Ich finde das gut.
Anderen Menschen eine bestimmte Literatur
aufzuzwingen, ist ungehörig.
Es käme ja auch niemand auf den Gedanken,
eine Bibel in jedes Hotelzimmer zu legen.

JACQUES MONOD
(1910 – 1976)
Französischer Biochemiker

Der Mensch ist ein Zigeuner am Rande des Universums,
das für seine Musik taub ist
und gleichgültig gegen seine Hoffnungen,
Leiden oder Verbrechen.

MICHEL DE MONTAIGNE
(1533 – 1592)
Französischer Philosoph

Der Mensch ist zweifellos verrückt.
Er kann keinen Wurm machen,
aber Götter macht er dutzendweise.

Ich fürchte,
dass wir unsere eigenen Ansichten vielleicht etwas
überschätzen, wenn wir jeden, der anderer Meinung ist,
auf dem Scheiterhaufen verbrennen.

JACK NICHOLSON
(1937 –)
Amerikanischer Schauspieler

Ich glaube nicht an Gott.
In gewisser Weise bin ich aber neidisch auf Menschen,
die glauben können.
Ich kann mir vorstellen, dass es etwas
sehr Beruhigendes hat.

FRIEDRICH NIETZSCHE
(1844 – 1900)
Deutscher Philosoph

Wie? ist der Mensch nur ein Fehlgriff Gottes?
Oder Gott nur ein Fehlgriff des Menschen?

Atheismus versteht sich bei mir aus Instinkt.
Ich bin zu neugierig,
um mir eine faustgrobe Antwort gefallen zu lassen.
Gott ist eine faustgrobe Antwort – im Grunde sogar bloß
ein faustgrobes Verbot: ihr sollt nicht denken!

Nachdem Buddha tot war,
zeigte man noch Jahrhunderte lang seinen Schatten in
einer Höhle – einen ungeheuren schauerlichen Schatten.
Gott ist tot:
aber so wie die Art der Menschen ist,
wird es vielleicht noch Jahrtausendelang Höhlen geben,

in denen man seinen Schatten zeigt. – Und wir – wir
müssen auch noch seinen Schatten besiegen.

Man soll nicht in Kirchen gehn,
wenn man reine Luft atmen will.

Habt ihr nicht von jenem tollen Menschen gehört,
der am hellen Vormittage eine Laterne anzündete, auf
den Markt lief und unaufhörlich schrie: »Ich suche Gott!
Ich suche Gott!
Wohin ist Gott?«, rief er. »Ich will es euch sagen!
Wir haben ihn getötet – ihr und ich!
Wir alle sind seine Mörder.
Wie trösten wir uns, die Mörder aller Mörder?
Das Heiligste und Mächtigste, das die Welt bisher besaß,
es ist unter unseren Messern verblutet.«
Man erzählt noch, dass der tolle Mensch
des selbigen Tages in verschiedene Kirchen
eingedrungen sei und darin sein Requiem aeternam deo
angestimmt habe.
Hinausgeführt und zur Rede gesetzt,
habe er immer nur dies entgegnet:
»Was sind denn die Kirchen noch,
wenn sie nicht die Grüfte und Grabmäler Gottes sind?«

Man muss sich nicht irreführen lasen: »richtet nicht!«,
sagen sie, aber sie schicken Alles in die Hölle,
was ihnen im Wege steht.

Nicht ihre Menschenliebe,
sondern die Ohnmacht ihrer Menschenliebe,
hindert die Christen von heute, uns – zu verbrennen.

Man wage es noch,
mir von den humanitären Segnungen
der Kirche zu reden!
Irgend einen Notstand abschaffen,
ging wider ihre Nützlichkeit –
sie lebte von Notständen, sie schuf Notstände,
um sich zu verewigen.
Der Wurm der Sünde zum Beispiel:
mit diesem Notstand hat erst die Kirche die Menschheit
bereichert!

Was ein Theologe als wahr empfindet, das *muss* falsch
sein: man hat daran beinahe ein Kriterium der Wahrheit.

NICK NOLTE
(1940 –)
Amerikanischer Schauspieler

Wenn Gott uns nach seinem Bilde geformt hat,
gibt ihnen meine Visage
wahrscheinlich ein recht getreues Bild von Gott.

PATRICK NOWELL-SMITH
(1914 – 2006)
Britischer Philosoph

Die Moralvorstellungen
der christlichen Religion sind kindisch.
Für viele besteht die fundamentale Sünde
im Ungehorsam gegenüber Gott.
Es ist nicht die Natur der Handlung,
die etwa einen Mord als unmoralisch erscheinen lässt,
sondern der bloße Umstand,
dass sie gegen ein göttliches Verbot verstößt.
Und entsprechend sind gute Handlungen nicht als solche,
in ihrem Wesen gut, sondern nur als Akte
des Gehorsams gegen Gott.
Sir Thomas Browne sagte beispielsweise einmal:
»Ich gebe keine Almosen, nur um den Hunger meines
Bruders zu stillen, sondern um den Willen und Befehl
meines Gottes zu erfüllen.
Ich ziehe meine Geldbörse nicht um dessen willen,
der mich darum bittet,
sondern um dessen willen, der es mir befiehlt.«
Demnach wird sogar Nächstenliebe nur deshalb für gut
befunden, weil Gott uns geboten hat,
Nächstenliebe zu üben.
Unübersehbar ist hier die Entsprechung zur Einstellung
kleiner Kinder gegenüber ihren Eltern, von denen sie
lernen, was richtig und falsch ist.
Wenn der kleine Jack zu lernen beginnt, dass es falsch ist,
die Schwester am Haar zu ziehen,
dann nicht deshalb, weil er sieht, dass ihr dies wehtut,
sondern weil Mama es ihm verboten hat.

SEAN O'CASEY
(1880 – 1964)
Irischer Schriftsteller

Die Politik hat Tausende hingemetzelt,
die Religion Zehntausende.

EUGENE O'NEILL
(1888 – 1953)
Amerikanischer Schriftsteller

Wenn ich sterbe,
will ich keinen Priester neben meinem Bett sehen.
Ich will in Würde sterben.
Wenn es einen Gott gibt,
werde ich ihn sehen und kann mit ihm selbst sprechen.

GEORGE ORWELL
(1903 – 1950)
Britischer Schriftsteller

Letztens habe ich gelesen,
dass ein italienischer Kunstwarenhändler
ein aus dem 17. Jahrhundert stammendes Kruzifix
zum Verkauf angeboten hat.
Dieses Kruzifix enthielt einen verborgenen Dolch.
Was für ein großartiges Symbol der christlichen Religion!

PETER O'TOOLE
(1932 –)
Irischer Schauspieler

Wann habe ich erkannt, dass ich Gott bin?
Als ich betete und feststellen musste, dass ich mit mir
selbst spreche.

THOMAS PAINE
(1737 – 1809)
Britischer Politiker und Essayist

Ich glaube nicht an das Credo der jüdischen Kirche, der
römischen Kirche, der griechischen Kirche, der türkischen
Kirche oder irgendeiner anderen Kirche, die ich kenne.
Mein Verstand ist meine Kirche.

Von all den Tyranneien,
die die Menschheit erleiden musste,
ist die Tyrannei durch die Religion die schlimmste.

Die beste Waffe gegen Irrtümer ist die Vernunft.
Ich habe nie eine andere Waffe benutzt
und werde auch nie eine andere benutzen.

Wenn man Priestern gestattet,
ihren Lebensunterhalt mit der Vergebung von Sünden
zu verdienen,

muss man sich nicht wundern,
dass die Zahl der Sünden wächst.

Die Überzeugung, dass Gott uns für die Sünden unserer
Väter büßen lässt,
widerspricht jedem Prinzip der Gerechtigkeit.

Ein guter Lehrer ist mehr wert
als hundert Priester.

CESARE PAVESE
(1908 – 1950)
Italienischer Schriftsteller

Gott hat mir große Gaben gegeben.
Vielen jedoch hat er Krebs gegeben,
andere hat er als Dummköpfe
geschaffen, andere hat er schon als Kinder fallen lassen.
Man weiß nicht, wo diese große Güte ist.
Hier sind 5000 Lire für den Pfarrer von Castellazzo,
so wird er weiter seine Geschichten predigen können;
hoffen wir, dass wenigstens er daran glaubt.
Lasst es Euch wohl gehn.
Ich fühle mich so wohl wie ein Fisch im Eis.

EMO PHILLIPS
(1956 –)
Amerikanischer Komiker

Vor kurzem ging ich über eine Brücke,
auf der ein Mann stand, der sich das Leben nehmen
wollte. Ich rannte sofort hinüber und rief: »Halt! Tue
es nicht!« Er fragte: »Warum nicht?« Ich sagte: »Weil es
soviel gibt, wozu es sich zu leben lohnt.« »Wie zum Beispiel?« »Hm, bist du religiös oder atheistisch?«
»Religiös.« »Ich auch. Bist Du Christ oder Buddhist?«
»Christ.« »Ich auch. Bist Du katholisch oder protestantisch?« »Protestantisch.« »Ich auch. Bist Du ein Methodist
oder ein Baptist?« »Baptist.« »Unglaublich, ich auch. Gehörst Du zur Baptistenkirche Gottes oder zur Baptistenkirche des Herrn?« »Zur Baptistenkirche Gottes.«
»Gehörst Du zur reformierten Baptistenkirche Gottes,
deren Reform 1879 stattfand, oder zur reformierten Baptistenkirche Gottes, deren Reformation 1915 stattfand?«
»Zur reformierten Baptistenkirche Gottes,
deren Reformation 1915 stattfand.«
»Ich sagte: »Stirb, Du dreckiger Herätiker!«
und stieß ihn von der Brücke.

STEVEN PINKER
(1954 –)
Amerikanischer Psychologe

Die verwirrendste Frage ist,
wie kann eine Welt, die von einem gütigen Schöpfer
geschaffen wurde,

nur soviel unnötiges Leid und Elend enthalten?
Wie das jiddische Sprichwort sagt:
Wenn Gott auf Erden wohnte,
würden die Menschen ihm die Scheiben einwerfen.

ROBERT M. PIRSIG
(1928 –)
Amerikanischer Philosoph und Schriftsteller

Leidet ein Mensch an einer Wahnvorstellung,
nennt man es Geisteskrankheit.
Leiden viele Menschen an einer Wahnvorstellung,
dann nennt man es Religion.

PLINIUS
(23 – 79)
Römischer Philosoph

Es ist lächerlich anzunehmen,
dass der Urgrund aller Dinge
sich um die menschlichen Angelegenheit kümmert.

EDGAR ALLAN POE
(1809 – 1849)
Amerikanischer Schriftsteller

Niemand, der je auf dieser Erde lebte,
weiß mehr über das Jenseits als du und ich.

Alle Religion hat sich nur aus Furcht,
Gier und Poesie gebildet.

PONTIAC
(1718 – 1769)
Indianischer Krieger

Sie kamen mit ihrer Religion,
stohlen unser Land und zerstörten unsere Kultur,
und wir sollen
jetzt dem Herrn danken, dass wir gerettet wurden.

TERRY PRATCHETT
(1948 –)
Britischer Satiriker

Ich bin ein Atheist,
allerdings einer, der ziemlich sauer auf Gott ist,
dass er nicht existiert.

PROTAGORAS
(490 – 411 v.u.Z.)
Griechischer Philosoph

Was die Götter betrifft, so verfüge ich über kein Wissen,
um entscheiden zu können, ob sie existieren oder nicht.

JAN PHILIPP REEMTSMA
(1952 –)
Deutscher Philologe

Der Mensch ist gefährlich, wo er glaubt.

JULES RENARD
(1864 – 1910)
Französischer Schriftsteller

Ich weiß nicht, ob es einen Gott gibt,
aber für seine Reputation wäre es sicherlich weit besser,
wenn er nicht existieren würde.

ARTUR RUBINSTEIN
(1887 – 1982)
Polnischer Pianist

Ich glaube nicht an Gott.
Ich glaube an etwas viel Größeres.

BERTRAND RUSSELL
(1872 – 1970)
Britischer Mathematiker und Philosoph

Viele strenggläubige Menschen reden so,
als wäre es die Aufgabe der Skeptiker, überkommene
Dogmen zu widerlegen, und nicht der Dogmatiker,
sie zu beweisen.

Das ist natürlich ein Fehler.
Würde ich die Ansicht äußern, dass eine
Teekanne aus Porzellan zwischen Erde und Mars auf
einer elliptischen Bahn um die Sonne kreist,
so könnte niemand diese Behauptung widerlegen,
vorausgesetzt, ich füge ausdrücklich hinzu,
die Teekanne sei so klein, dass man sie selbst mit unseren
stärksten Teleskopen nicht sehen könne. Würde ich dann
aber behaupten, weil man meine Behauptung nicht widerlegen könne, sei es eine unerträgliche Überheblichkeit
der menschlichen Vernunft,
daran zu zweifeln, so würde man mit Recht sagen,
dass ich Unsinn rede.
Würde die Existenz einer solchen Teekanne
aber in antiken Büchern bestätigt, jeden Sonntag als heilige Wahrheit gelehrt und den Schulkindern eingetrich-
tert, so würde jedes Zögern, an ihre Existenz zu glauben,
zu einem Kennzeichen von Exzentrik,
und der Zweifler würde in einem aufgeklärten Zeitalter
die Aufmerksamkeit von Psychiatern erregen,
in einer früheren Zeit dagegen die der Inquisitoren.

Es wird behauptet,
dass wir alle schlecht wären,
hielten wir uns nicht an die christliche Religion.
Mir scheint es, dass der größte Teil der Menschen, der
sich daran gehalten hatte, außerordentlich schlecht war.
Es ergibt sich die seltsame Tatsache,
dass die Grausamkeit um so größer und die allgemeine
Lage um so schlimmer waren, je stärker die Religion
einer Zeit und je fester

der dogmatische Glaube war.
In den sogenannten Epochen des Glaubens, als die
Menschen an die christliche Religion in ihrer vollen
Ganzheit wirklich glaubten, gab es die Inquisition mit
ihren Foltern, wurden Millionen unglückseliger Frauen
als Hexen verbrannt
und im Namen der Religion an unzähligen Menschen
alle erdenklichen Grausamkeiten verübt.
Wenn man sich umsieht,
so muss man feststellen, dass jedes bisschen Fortschritt
im humanen Empfinden, jede Verbesserung der Strafge-
setze, jede Maßnahme zur Verminderung der Kriege,
jeder Schritt zur besseren Behandlung
der farbigen Rassen oder jede Milderung der Sklaverei
und jeder moralische Fortschritt auf der Erde durchweg
von den organisierten Kirchen bekämpft wurde.

Ich bin gegenüber allen bekannten Religionen Dissident,
und ich hoffe, dass jede Art religiöser Gläubigkeit ausstirbt.
Alles wohlerwogen, glaube ich nicht,
dass religiöser Glaube eine Kraft zum Guten gewesen ist.

Meinen Sie,
wenn Ihnen Allmacht und Allwissenheit
und dazu Jahrmillionen gegeben wären,
um Ihre Welt zu vervollkommnen,
dass Sie dann nichts Besseres als den Ku-Klux-Klan
oder die Faschisten hervorbringen könnten?

Wenn man hört,
wie sich die Menschen in der Kirche erniedrigen
und sich als elende Sünder bezeichnen,
so erscheint das verächtlich
und eines Menschen mit Selbstachtung nicht würdig.

Die Hölle ist ein Ort,
an dem die Polizisten Deutsche,
die Autofahrer Franzosen
und die Köche Briten sind.

Es wird einem oft gesagt,
dass man die Religion nicht kritisieren solle,
weil sie die Menschen tugendhaft mache.
Dies hat man mir gesagt;
bemerkt habe ich es aber noch nicht.

CARL SAGAN
(1934 – 1996)
Amerikanischer Physiker und Schriftsteller

Wenn man mit »Gott«
die Gesamtheit der physikalischen Gesetze meint,
die das Universum beherrschen,
dann gibt es natürlich einen Gott.
Doch dieser Gott ist emotional unbefriedigend.
Es hat nicht viel Sinn, zum Gravitationsgesetz zu beten.

GEORGE SANTAYANA
(1863 – 1952)
Amerikanischer Philosoph

Mein Atheismus besteht genau wie der von Spinoza
in der andächtigen Bewunderung des Universums und
bestreitet lediglich den Gott, den sich der Mensch nach
seinem eigenen Bilde geschaffen hat, um ihn zu einem
willfährigen Diener ihrer Interessen zu machen.

MICHEL SCHMIDT-SALOMON
(1967 –)
Deutscher Philosoph und Schriftsteller

Das stärkste Argument
gegen Gott wäre – der Beweis seiner Existenz.

ARTHUR SCHOPENHAUER
(1788 – 1860)
Deutscher Philosoph

Religionen sind wie Leuchtwürmer:
sie bedürfen der Dunkelheit, um zu leuchten.

Glauben und Wissen
verhalten sich wie die zwei Schaalen einer Waage:
in dem Maße, in dem die eine steigt, sinkt die andere.

Zu verlangen,
dass ein großer Geist – ein Shakespeare, ein Goethe –
die Dogmen irgend einer Religion
zu seiner Überzeugung mache,
ist wie verlangen, dass ein Riese
den Schuh eines Zwerges anziehe.

Ein Gott,
der zum Vergnügen und mutwillig
diese Welt der Noth und des Jammers hervorbringt
und dann noch gar sich selber Beifall klatscht
(»Und Alles ward sehr gut« 1. Mose 1,31)
– das ist nicht zu ertragen.

Wenn ein Gott diese Welt gemacht hat,
so möchte ich nicht der Gott sein:
Ihr Jammer würde mir das Herz zerreißen.

Intoleranz ist nur dem Monotheismus wesentlich:
ein alleiniger Gott ist, seiner Natur nach,
ein eifersüchtiger Gott,
der keinem andern das Leben gönnt.

Der Arzt sieht den Menschen in seiner ganzen Schwäche;
der Jurist in seiner ganzen Schlechtigkeit;
der Theolog in seiner ganzen Dummheit.

Die ephemeren Geschlechter der Menschen
entstehn und vergehn in rascher Reihenfolge,
während die Individuen unter Angst, Noth und Schmerz
dem Tode in die Arme tanzen.
Dabei fragen sie sich unermüdlich, was es mit ihnen sei,
und was die ganze tragikomische Posse zu bedeuten
habe, und rufen den Himmel an um Antwort.
Aber der Himmel bleibt stumm.
Hingegen kommen Pfaffen mit Offenbarungen.

Den Sündenfall nun aber
hätte jedenfalls Der vorhersehn müssen, welcher die
Menschen erstlich nicht besser, als sie sind, geschaffen,
dann aber ihnen eine Falle gestellt hatte, in die er wissen
musste, daß sie gehn würden,
da Alles miteinander sein Werk war
und ihm nichts verborgen bleibt.
Demnach hätte er ein schwaches, der Sünde
unterworfenes Geschlecht aus dem Nichts in Daseyn
gerufen, um es sodann endloser Quaal zu übergeben.

Es scheint,
als hätte der liebe Gott die Welt geschaffen,
damit der Teufel sie holen solle.

Wenn ich aber suche, mir vorstellig zu machen,
dass ich vor einem individuellen Wesen stände, zu dem
ich sagte: »mein Schöpfer! ich bin einst nichts gewesen:
du aber hast mich hervorgebracht,

so dass sich jetzt etwas und zwar ich bin;«
– und dazu noch:
»ich danke dir für diese Wohlthat;« – und am Ende gar:
»wenn ich nichts getaugt habe,
so ist das meine Schuld;« – so muss ich
gestehn, dass in Folge philosophischer Studien
mein Kopf unfähig geworden ist, einen
solchen Gedanken auszuhalten.

In ihren Todesnöthen
sieht man die Religion sich an die Moral anklammern,
für deren Mutter sie sich ausgeben möchte:
– aber mit Nichten!

Es ist falsch, dass Staat, Recht und Gesetz
nicht ohne Beihülfe der Religion und ihrer Glaubensarti-
kel aufrecht erhalten werden können, und dass Justiz und
Polizei, um die gesetzliche Ordnung durchzusetzen, der
Religion, als ihres nothwendigen Komplements bedürfen.
Falsch ist es, auch wenn es hundert Mal wiederholt wird.
Denn ein faktisches und schlagendes Gegenbeispiel lie-
fern uns die Alten, zumal die Griechen. Das nämlich, was
wir unter Religion verstehn, hatten sie durchaus nicht.
Sie hatten keine heilige Urkunden und kein Dogma,
das gelehrt, dessen Annahme von Jedem gefordert und
das der Jugend frühzeitig eingeprägt worden wäre.
Eben so wenig wurde von den Dienern der Religion
Moral gepredigt, oder kümmerten sich die Priester
irgend um Moralität, oder überhaupt um das Thun und
Lassen der Leute.

Ganz und gar nicht!
Sondern die Pflicht der Priester erstreckte sich bloß auf
Tempelceremonien, Gebete, Gesänge,
Opfer, Processionen und dergleichen mehr.
Also *Religion*, in unserm Sinne des Wortes,
hatten die Alten wirklich nicht.
Hat nun aber deswegen bei ihnen
Anarchie und Gesetzlosigkeit geherrscht?
Ist nicht vielmehr Gesetz und bürgerliche Ordnung so
sehr ihr Werk, dass es noch die Grundlage der unserigen
ausmacht?

Der Glaube ist wie die Liebe:
er lässt sich nicht erzwingen. Daher ist es ein missliches
Unternehmen, ihn durch Staatsmaßregeln einführen
oder befestigen zu wollen:
denn, wie der Versuch, Liebe zu erzwingen, Hass erzeugt,
so der, Glauben zu erzwingen, erst recht Unglauben.

So viel ich sehe, sind es allein die
monotheistischen Religionen, deren Bekenner die
Selbsttödtung als ein Verbrechen betrachten.
Dies ist um so auffallender, als weder im alten, noch im
neuen Testament irgend ein Verbot, oder auch nur eine
entschiedene Missbilligung derselben zu finden ist;
daher denn die Religionslehrer ihre Verpönung des
Selbstmordes auf ihre eigenen philosophischen Gründe
zu stützen haben, um welche es aber so schlecht steht,
dass sie, was den Argumenten an Stärke abgeht,
durch die Stärke der Ausdrücke ihres Abscheues,

also durch Schimpfen, zu ersetzen suchen.
Der außerordentlich lebhafte, und doch weder durch die
Bibel, noch durch triftige Gründe unterstützte
Eifer der Geistlichkeit gegen den Selbstmord
scheint daher auf einem verhehlten Grunde beruhen zu
müssen: sollte es nicht dieser seyn, dass das
freiwillige Aufgeben des Lebens ein
schlechtes Kompliment ist für Den, welcher gesagt hat:
»Und Alles ward sehr gut«?

Die Pfaffen sind nicht ohne Grund darauf bedacht,
sich der Kinder zu bemächtigen. Hierdurch, vielmehr
noch, als durch Drohungen und Berichte von Wundern,
schlagen die Glaubenslehren Wurzel.
Wenn nämlich dem Menschen, in früher Kindheit,
gewisse Grundansichten und Lehren
mit ungewohnter Feierlichkeit und mit der Miene des
höchsten, bis dahin von ihm noch nie gesehenen Ernstes
wiederholt vorgetragen werden, dabei die Möglichkeit
eines Zweifels daran ganz übergangen,
oder aber nur berührt wird, um darauf als den ersten
Schritt zum ewigen Verderben hinzudeuten;
da wird der Eindruck so tief ausfallen, dass in fast allen
Fällen der Mensch beinahe so unfähig seyn wird,
an jenen Lehren, wie an seiner eigenen Existenz
zu zweifeln; weshalb dann unter vielen Tausenden
kaum Einer die Festigkeit des Geistes besitzen wird,
sich ernstlich und aufrichtig zu fragen: ist Das wahr?

Aller Pantheismus muss an den Forderungen der Ethik
scheitern. Ist die Welt eine Theophanie;
So ist alles, was der Mensch thut, gleich göttlich:
nichts kann zu tadeln und nichts kann zu loben seyn:
also keine Ethik.

Was für eine schlaue Erschleichung
und hinterlistige Insinuation in
dem Worte »Atheismus« liegt – als verstünde
sich der »Theismus« von selbst.

GEORGE BERNARD SHAW
(1856 – 1950)
Irischer Schriftsteller

Dass religiöse Menschen glücklicher als skeptische sind,
ist genauso bedeutungslos wie die Tatsache,
dass betrunkene Menschen
glücklicher als nüchterne sind.

Niemand glaubt,
dass die Bibel meint, was sie sagt:
Jeder ist stets davon überzeugt, dass sie sagt,
was er meint.

Das Martyrium ist der einzige Weg,
auf dem ein Mensch Berühmtheit erlangen kann,
ohne ein einziges Talent zu besitzen.

MARTIN SHEEN
(1940 –)
Amerikanischer Schauspieler

Ich glaube nicht an Gott,
doch ich glaube,
dass Maria seine Mutter war.

MARIAN NOEL SHERMAN
(1892 – 1975)
Kanadischer Mediziner

Religiöse Leute halten Atheisten
oft für eingebildet und überheblich.
In Wirklichkeit sind es die religiösen Leute, die eitel sind.
Sie können es sich einfach nicht vorstellen,
dass es sie einmal nicht mehr geben wird.

MICHAEL SHERMER
(1954 –)
Amerikanischer Wissenschaftshistoriker

Der einzige Grund,
weshalb Hitler und Stalin mehr Menschen getötet haben
als die Inquisition, ist, dass Torquemada keine
Maschinengewehre und Gaskammern
zur Verfügung standen.

STENDHAL
(1783 – 1842)
Französischer Schriftsteller

Gottes einzige Entschuldigung ist, dass er nicht existiert.

Religionen gründen auf den Ängsten vieler
und der Machtgier weniger.

STEVIE SMITH
(1902 – 1971)
Britische Schriftstellerin

Wenn ich die Jungfrau Maria gewesen wäre,
hätte ich »Nein!« gesagt.

RAYMOND SMULLYAN
(1919 –)
Amerikanischer Mathematiker

Es überrascht mich immer wieder,
wie viele Mensch es als gegeben betrachten,
dass Gott diejenigen bevorzugt, die an ihn glauben.
Könnte es nicht sein, dass Gott ein Wissenschaftler ist,
der empirische Belege einem
blinden Glauben vorzieht?

WALTER P. STACY
(1925 – 1951)
Amerikanischer Richter

Wenn uns die Geschichte nicht etwas anderes lehrte,
wäre es geradezu unglaublich,
dass die Menschen in den Krieg zogen
und einander die Kehle durchschnitten,
nur weil sie sich nicht darüber einigen konnten,
was mit ihnen passieren wird, nachdem ihre Kehlen
durchschnitten worden sind.

JONATHAN SWIFT
(1667 – 1745)
Irischer Satiriker

Es ist zwecklos,
jemanden mit Gründen etwas ausreden zu wollen,
wozu er nie mit Gründen gebracht wurde.

MAX VON SYDOW
(1929 –)
Schwedischer Schauspieler

Ich glaube nicht an Gott.
Sicher, ich habe Jesus gespielt.
Doch ich habe ihn als einen Mensch unter Menschen
gespielt.

MARK TWAIN
(1835 – 1910)
Amerikanischer Schriftsteller

Gott hat den Menschen erschaffen,
weil er vom Affen enttäuscht war.
Danach hat er auf weitere Experimente verzichtet.

Der Mensch wurde am Ende der Woche erschaffen,
als Gott bereits müde war.

Es sind keineswegs die Teile, die ich nicht verstehe,
die mich an der Bibel stören, sondern die Teile,
die ich verstehe.

Einst gab es Hexen. Da die Bibel sagt,
dass man Hexen nicht am Leben lassen soll,
hat die Kirche ihre Pflicht getan und neun Jahrhunderte lang
Tag und Nacht Hexen eingesperrt, gefoltert und getötet.
Dann entdeckte man, dass es keine Hexen gibt und auch
nie gab. Man weiß nicht, ob man darüber lachen oder
weinen soll.

Der Mensch ist das religiöse Tier.
Er ist das einzige Tier,
das seinen Nächsten wie sich selber liebt und,
wenn dessen Theologie nicht stimmt, ihm die Kehle
abschneidet.

Die Geschichte der Menschheit
ist in allen Zeitaltern von Blut getränkt,
von Hass gefärbt, von Gräueln geschändet;
aber doch haben diese Merkmale seit den biblischen
Zeiten immer eine Grenze gehabt. Sogar die Kirche, die
seit dem Antritt ihrer Herrschaft mehr unschuldiges Blut
vergossen hat als alle politischen Kriege
zusammengenommen, hat sich in Grenzen gehalten.
Immerhin. Jedoch lässt sich feststellen, dass,
wenn der Herr des Himmels und der Erde
der angebetete Gottvater, in den Krieg zieht,
alle Schranken fallen.
Er, der der Allerbarmende genannt wird,
er ist ohne jegliches Mitleid.
Er schlachtet, schlachtet, schlachtet.
Menschen, Tiere, Knaben, Säuglinge,
Frauen und Mädchen, außer denen,
die noch nicht defloriert sind.

Sollte man es glauben,
dass dieser selbe gewissenlose Gott,
dieser moralische Kretin,
zum Lehrer der Güte, der Sitten, der Milde,
der Rechtlichkeit, der Reinheit ernannt wurde?

Wenn Christus heute lebte, wäre er eines ganz sicher
nicht – ein Christ.

Warum sollte ich Angst vor meinem Tod haben?
Bereits vor meiner Geburt hatte ich Milliarden und
Abermilliarden von Jahren nicht gelebt – und nicht im
geringsten darunter gelitten.

MIGUEL DE UNAMUNO
(1864 – 1936)
Spanischer Philosoph

Gott schweigt. Und er schweigt, weil er Atheist ist.

VINCENT VAN GOGH
(1853 – 1890)
Holländischer Maler

Sowohl in meinem Leben als auch in meiner Malerei
kann ich problemlos ohne Gott auskommen.

GORE VIDAL
(1925 –)
Amerikanischer Schriftsteller und Autor von »Ben Hur«

Ich bin ein wiedergeborener Atheist.

Das große unsagbare Übel
im Mittelpunkt unserer Kultur ist der Monotheismus.
Aus einem barbarischen bronzezeitlichen Text,
der unter dem Namen Altes Testament bekannt ist,

haben sich drei menschliche Religionen entwickelt:
das Judentum, das Christentum und der Islam.
Es sind Himmelsgott-Religionen.
Sie sind im wahrsten Sinne des Wortes patriarchalisch –
Gott ist der allmächtige Vater –, und deshalb werden
Frauen in den Ländern,
die von dem Himmelsgott
und seinen männlichen irdischen Vertretern
heimgesucht waren,
2000 Jahre lang verachtet.

VOLTAIRE
(1694 – 1778)
Französischer Schriftsteller und Philosoph

Wenn es Gott nicht gäbe, müsste man ihn erfinden.

Was ist gefährlicher:
Fanatismus oder Atheismus?
Fanatismus ist tausendfach tödlicher,
denn Atheismus entfacht keine blutige Leidenschaft.

Wenn man die Morde zählte,
die der Fanatismus seit den Zänkereien zwischen
Athanasius und Arius bis heute begangen hat,
wird man sehen, dass diese Wortgefechte mehr dazu
beigetragen haben, die Erde zu entvölkern,
als die kriegerischen Auseinandersetzungen.

Der Fanatismus verhält sich zum Aberglauben
wie das Delirium zum Fieber, die Raserei zum Zorn.
Die Gesetze und die Religion genügen keineswegs gegen
diese Pest der Seelen. Die Religion, weit entfernt,
ein Heilmittel gegen sie zu sein,
wird in den infizierten Hirnen zu Gift.
Diese Leute sind davon überzeugt, dass der Heilige Geist,
der sie durchdringt, über den Gesetzen steht
und dass ihre Wahnideen das einzige Gesetz sind,
dem sie folgen müssen.
Was soll man einem Menschen erwidern,
der Ihnen sagt, dass er Gott mehr gehorchen wolle als
den Menschen,
und der folglich sicher ist, den Himmel zu verdienen,
wenn er Sie umbringt?

Was für eine seltsame Vorstellung,
dass Wasser alle Verbrechen reinigt!
Heutzutage, da man Kinder tauft, weil sie aufgrund
einer absurden Vorstellung alle für schuldig gehalten
werden, sind sie alle bis zum vernünftigen Alter,
in dem sie schuldig werden können, gerettet.
Töten wir sie also so schnell wie möglich,
um ihnen das Paradies zu sichern.
Diese Schlussfolgerung ist so einleuchtend,
dass es eine fromme Sekte gegeben hat, die sich daran-
machte, alle neugetauften kleinen Kinder zu vergiften.
Diese frommen Menschen argumentierten vollendet:
»Wir verschaffen diesen kleinen Unschuldigen
das größtmögliche Glück;
wir hindern sie daran, in diesem Leben böse zu werden,

und wir geben ihnen das ewige Leben.«

STEVEN WEINBERG
(1933 –)
Amerikanischer Physiker

Religion ist eine Beleidigung für die Menschenwürde.
Mit ihr oder ohne sie gibt es gute Menschen, die gute
Dinge tun, und böse Menschen, die böse Dinge tun.
Aber damit gute Menschen böse Dinge tun, braucht es
die Religion.

Manche Leute haben Ansichten über Gott,
die so allgemein und dehnbar sind, dass sie unweigerlich
auf Gott stoßen müssen, gleichgültig, wo sie nach ihm
suchen. Da bekommt man etwa zu hören: »Gott ist das
Höchste« oder »Gott ist unser besseres Wissen« oder
»Gott ist das Universum«.
Natürlich können wir dem Wort »Gott« wie jedem
anderen Wort jede beliebige Bedeutung unterlegen.
Wenn Sie behaupten wollen »Gott ist Energie«,
dann können Sie Gott in einem Stück Kohle finden.

Die meisten Wissenschaftler,
die ich kenne, interessieren sich nicht genug für Religion,
um sich auch nur als Atheisten zu bezeichnen.

Eine der größten Errungenschaften
der Wissenschaft ist, dass sie es zwar nicht unmöglich
gemacht hat, religiös zu sein, aber immerhin doch
möglich gemacht hat, nicht religiös zu sein.

OSCAR WILDE
(1854 – 1900)
Irischer Schriftsteller

Ich glaube,
dass Gott, als er den Menschen schuf,
seine Fähigkeiten etwas überschätzte.

Was ist Wahrheit?
In Fragen der Religion einfach die Anschauung,
die überlebt hat.

ROBERT ANTON WILSON
(1932 –)
Amerikanischer Schriftsteller

Die Bibel sagt,
wir sollten wie Gott sein, und beschreibt ihn dann
Seite für Seite als einen Massenmörder.

VIRGINIA WOOLF
(1882 – 1941)
Britische Schriftstellerin

Ich habe gestern abend das Buch Hiob gelesen –
Gott kommt darin nicht sonderlich gut weg.

STEVEN WRIGHT
(1955 –)
Amerikanischer Komiker

Ich fuhr letztens auf dem Highway
und sah jemanden mit einem Schild, auf dem stand
»Himmel«.
Ich habe ihn überfahren.

FRANK LLOYD WRIGHT
(1867 – 1959)
Amerikanischer Architekt

Ich glaube an Gott, doch ich buchstabiere seinen Namen
N-A-T-U-R.

XENOPHANES
(570 – 480 v.u.Z.)
Griechischer Philosoph

Die Menschen stellen sich ihre Götter wie sie selbst vor.

Die Äthiopier stellen ihre Götter schwarz
und stupsnäsig dar.
Die Thraker sagen, ihr Gott habe blaue Augen und rote
Haare.

HENRY YOUNGMAN
(1906 – 1998)
Britischer Komiker

Ich habe versucht, Atheist zu werden, aber aufgegeben.
Die haben keine Feiertage.

FRANK ZAPPA
(1940 – 1993)
Amerikanischer Musiker

Wer religiös sein will, kann es gerne sein.
Ich respektiere das Recht auf Glaubensfreiheit.
Ich würde es jedoch begrüßen,
wenn die Gläubigen auch unser Recht
respektierten, ihre Dogmen nicht teilen zu wollen.

ÉMILE ZOLA
(1840 – 1902)
Französischer Schriftsteller

Die Zivilisation wird so lange kranken,
bis der letzte Stein der letzten Kirche auf den letzten
Priester fällt.

Nachwort

Wie die Aphorismen gezeigt haben, ist der Glaube an einen lieben Gott nur schwer zu rechtfertigen. Wenn es aber so unvernünftig ist, sich himmlische Hoffnungen zu machen, weshalb tun es dann so viele? Warum ist die überwiegende Mehrheit der Menschen religiös?

Wir alle kennen die Antworten von Feuerbach, Marx und Freud. Nach Ludwig Feuerbach schuf der Mensch Gott nach seinem Bilde. Laut Karl Marx ist die Religion das Opium des Volkes, mit dem es sich über die Not und Pein seines jammervollen Daseins hinwegtröstet. Und für Sigmund Freud verbirgt sich hinter dem Glauben an Gott die Sehnsucht nach dem Vater unserer frühen Kindertage, der seine Hand schützend über uns hielt.

Obgleich alle drei Antworten etwas für sich haben, sind sie doch nicht wirklich überzeugend. Wenn überhaupt, dann erklären sie nur die monotheistischen Religionen. Neben dem Judentum, dem Christentum und dem Islam, die an einen gütigen Vater im Himmel glauben, gibt es jedoch noch den Hinduismus, den Buddhismus und den Jainismus. Und neben diesen »Weltreligionen« gibt es schließlich noch zahllose kleinere Religionen. Ja, nach allem, was wir wissen, gibt es keine einzige menschliche Kultur, die ohne Religion wäre.

Angesichts der Tatsache, dass die Religion rund um den Globus anzutreffen und damit nicht nur universell, sondern geradezu »natürlich« ist, sollten wir vielleicht besser nach einer biologischen Antwort suchen.

Eine biologische Antwort kann zwei Formen annehmen. Sie kann die Religion als eine »Adaptation« oder als eine »Exaptation« betrachten. Mit einer Adaptation ist gemeint, dass sie ein direktes Produkt der natürlichen Selektion ist. Und mit einer Exaptation ist gemeint, dass sie nur ein indirektes Produkt der natürlichen Selektion ist. Als ein direktes Produkt der natürlichen Selektion – also als eine Adaptation – bezeichnet man ein Merkmal, das sich in der Evolution durchgesetzt hat, weil es seinen Trägern einen unmittelbaren Überlebens- oder Fortpflanzungserfolg verschaffte. Als ein indirektes Produkt der natürlichen Selektion – also als eine Exaptation – bezeichnet man dagegen ein Merkmal, das seinen Trägern keinen unmittelbaren Überlebens- oder Fortpflanzungsvorteil verschaffte, sondern lediglich ein zufälliges Nebenprodukt ist.

Nehmen wir ein Beispiel. Warum ist Blut rot? Hatten Menschen mit rotem Blut größere Überlebens- und Fortpflanzungschancen als Menschen mit, sagen wir, grünem Blut? Sicher nicht. Dass Blut rot ist, liegt einzig und allein daran, dass es Hämoglobin enthält, ein Molekül zum Transport von Sauerstoff. Und Hämoglobin ist nun einmal rot. Hätte sich ein anderes Molekül zum erfolgreichen Transport von Sauerstoff gefunden, das zufällig grün wäre, hätten wir heute vielleicht grünes Blut. Mit anderen Worten: Dass unser Blut Hämoglobin enthält, ist ein direktes Produkt der natürlichen Selektion: hämoglobinhaltiges Blut ist adaptiv, weil es seinen Trägern Überlebensvorteile sichert. Dass unser Blut rot ist, ist dagegen ein indirektes Produkt der natürlichen Selektion: rotes Blut ist exaptiv, weil es sich lediglich der Farbe des Hämoglobins verdankt.

Nehmen wir sicherheitshalber noch ein weiteres, sogar noch anschaulicheres Beispiel. Sexuelles Verlangen zu verspüren, ist adaptiv. Vorfahren mit sexuellem Verlangen haben mehr Nachkommen hinterlassen als Vorfahren ohne sexuelles Verlangen. Sexuelles Verlangen bringt es nun aber einmal mit sich, dass Menschen nicht nur mit anderen Menschen koitieren, sondern mitunter auch masturbieren. Koitieren ist adaptiv, insofern es uns Fortpflanzungsvorteile verschafft. Masturbieren ist dagegen exaptiv, insofern es nur ein Nebenprodukt unseres sexuellen Verlangens darstellt.

Gleiches kann man wahrscheinlich auch für die so genannten »Perversionen« annehmen. Das sexuelle Verlangen ist von der natürlichen Selektion prämiert worden, weil es in aller Regel dazu führt, dass wir mit anderen fortpflanzungsfähigen Menschen schlafen. Bisweilen führt das sexuelle Verlangen aber auch dazu, dass Menschen sich an Kindern, Greisen, Tieren oder gar Leichen vergreifen. Die Pädophilie, Gerontophilie, Zoophilie und Nekrophilie sind aber nur ein Nebenprodukt der Evolution des sexuellen Verlangens – sie sind exaptive Phänomene der adaptiven Libido.

Exaptationen müssen nun aber keineswegs immer unerwünschte Verirrungen sein. Einige sind durchaus wünschenswert. Nehmen wir etwa unsere Sorge um Tiere. Dass uns an ihrem Wohlergehen liegt und uns ihr Leid berührt, liegt sicherlich an unserer Fähigkeit zur Empathie. Unsere Fähigkeit, uns in den Zustand anderer hineinzuversetzen, ist ein Produkt der natürlichen Selektion. Es ist adaptiv, weil es der Sorge um unsere Kinder zugute kam. Wie die Sexualität kann die Empathie aber auch Wesen gelten, für die sie gar nicht evolviert ist. Unser Mitgefühl für Hunde und Katzen, für Pinguine und Robben sowie für Schimpansen und Delfine ist sicherlich eine exaptive Reaktion unserer adaptiven Empathie.

Doch zurück zur Religion. Ist sie eine Adaptation oder eine Exaptation? Es ist schwer zu sehen, inwiefern Menschen, die an Götter, Geister und Dämonen glauben, dadurch irgendwelche Überlebens- oder gar Fortpflanzungsvorteile haben sollten. Ich gehe daher davon aus, dass die Religion eher ein Nebenprodukt der Evolution ist. Die Religion von vornherein als ein bloßes Nebenprodukt abzutun, mag ungerechtfertigt erscheinen. Doch ich glaube, dass uns das Sparsamkeitsprinzip der Wissenschaft dazu verpflichtet. Denn wenn eine exaptive Interpretation der Religion eine hinreichende Erklärung bietet, können wir auf eine adaptive Interpretation verzichten.

Wenn wir unterstellen, dass die Religion lediglich eine Nebenprodukt der Evolution darstellt, stellt sich natürlich sogleich die Frage: Ein Nebenprodukt wovon? Eine mögliche Antwort ist, dass die Religion ein Nebenprodukt der Evolution des menschlichen Intellektes ist. Für viele Jahre bin ich beispielsweise davon ausgegangen, dass es in der Stammesgeschichte der Menschheit gewissermaßen einen Tag gegeben haben muss, an dem das Gehirn unserer Vorfahren einen Entwicklungsstand erreicht hatte, dass es so existenzielle Fragen aufwerfen konnte wie: Warum gibt es eigentlich etwas und nicht vielmehr nichts? Woher kommt diese Welt eigentlich her? Wozu dient unser Leben? Und wieso gibt es Alter, Krankheit und Tod?

Meiner Ansicht nach stellten die verschiedenen Religionen nur verschiedene Antworten auf diese existenziellen Fragen dar. Und die Antworten, die nicht nur den intellektuellen Fähigkeiten, sondern auch den emotionalen Bedürfnissen unserer Vorfahren am ehesten entsprachen, haben dann die Grundlage der Weltreligionen gebildet.

Insofern der Hinduismus, der Buddhismus, der Jainismus, das Judentum, das Christentum und der Islam allesamt »Erlösungsreligionen« sind, hatte ich angenommen, dass sich die Religionen letztlich der Frage nach der Herkunft des Leids und Elends verdanken. Schließlich betrachten all diese Religionen diese Welt als ein Jammertal und zeigen uns einen Weg, wie wir von diesem Dasein erlöst werden können.

Wie mir jedoch Pascal Boyer auf einer Tagung zur Evolution der Religion deutlich machte, greift dieser Erklärungsversuch zu kurz. Unter den zahllosen Religionen gebe es viele, für die das Leid und Elend dieser Welt überhaupt kein Problem darstelle. Die Erlösung von unserem irdischen Dasein sei daher auch keineswegs die Wurzel der Religion.

In seinem Buch »Der Gotteswahn« stellt Richard Dawkins eine alternative biologische Erklärung vor. Auch er hält die Religion für ein Nebenprodukt. Seines Erachtens ist sie aber nicht aus den ewigen Fragen, sondern aus der kindlichen Leichtgläubigkeit entstanden. Kinder, die ihren Eltern glaubten, dass man bestimmte Beeren nicht essen oder in einem bestimmten Fluss nicht baden sollte, hatten sicher bessere Überlebens- und Fortpflanzungschancen gehabt als Kinder, die den elterlichen Rat einfach in den Wind geschlagen haben und von Beeren vergiftet oder von Krokodilen zerrissen worden sind.

Die Leichtgläubigkeit oder, sagen wir besser, die Faustregel: »Glaube alles, was erfahrene Menschen dir im ernsten Ton sagen«, ist also durchaus adaptiv. Ein Nebenprodukt dieser Faustregel ist aber, dass Kinder nicht nur richtigen, sondern auch falschen Informationen Glauben schenken. Sie wissen nicht, wie Richard Dawkins schreibt, »dass ‚Plansch nicht in einem Teich voller Krokodile' ein guter Ratschlag ist, während ‚Du sollst bei Vollmond eine Ziege opfern, sonst bleibt der Regen aus' im besten Fall eine Vergeudung von Zeit und Ziegen darstellt.«

Dawkins' Spekulation zur Evolution der Religion hat sicher auch eine gewisse Anfangsplausibilität. Letztlich erklärt sie aber nur die Weitergabe der Religion, nicht die Entstehung der Religion. Dass neben sinnvollen auch sinnlose Informationen von Generation zu Generation weitergereicht worden sind, mag ja wahr sein. Aber die eigentliche Frage lautet doch: Wie ist eine so abwegige Idee wie die, Ziegen für den Regen zu opfern, überhaupt in die Welt gekommen?

Wir brauchen also einen alternativen Erklärungsversuch. Die plausibelsten Ansätze zur Erklärung der Religion entstammen meines Erachtens der Neurobiologie und der Kognitionspsychologie. Wie schon die von Konrad Lorenz und Gerhard Vollmer begründete Evolutionäre Erkenntnistheorie gezeigt hat, kommen wir mit bestimmten kognitiven Strukturen auf die Welt, die Teil unseres biologischen Erbes sind. So sehen wir alle Ereignisse in dieser Welt in Raum und Zeit wie auch in einer kausalen Abfolge. Das kausale Denken hat sich beispielsweise so tief in unser Gehirn eingegraben, dass wir gar nicht anders als kausal denken können, obgleich wir inzwischen sehr wohl wissen, dass es akausale Prozesse im Universum durchaus gibt.

Wie die Kognitionspsychologie gezeigt hat, kommen wir nicht nur mit einem angeborenen Wissen des Kausalitätsgesetzes, sondern auch mit einem angeborenen Wissen des Gravitationsgesetzes auf die Welt. Wenn man sechs Monate alten Babys einen Gegenstand zeigt, der auf einem Tisch steht, und den Tisch dann wegzieht, erwarten sie, dass der Gegenstand zu Boden fällt. Falls er jedoch in der Luft hängen bleibt, weil er von einem unsichtbaren Draht gehalten wird, machen die Kinder große Augen – ein Indiz dafür, dass dieses Ereignis ihren angeborenen kognitiven Erwartungen widerspricht.

Mit einem Gehirn auf die Welt zu kommen, dass uns eine intuitive Kenntnis des Kausalitätsgesetzes und des Gravitationsgesetzes verleiht, ist sicher adaptiv. Menschen, welche die ersten Anzeichen eines Vulkanausbruchs erkennen und rechtzeitig Schutz suchen konnten, werden zweifellos mehr Kinder gezeugt haben als solche, die den herunterstürzenden Felsbrocken und der herabfließenden Lava nur tatenlos zugesehen haben.

So wie es vorteilhaft war, das Verhalten von Vulkanen vorhersagen zu können, so dürfte es auch vorteilhaft gewesen sein, das Verhalten von Raubtieren vorhersagen zu können.

Zu diesem Zweck hat sich ein »intentionalistisches« Denken entwickelt: Bereits zwölf Monate alte Kinder schreiben allen Objekten geheime Absichten zu. Wenn man ihnen beispielsweise zwei Autos zeigt, von denen das eine dem anderen folgt, unterstellen sie intuitiv, dass es sich um eine Verfolgungsjagd handeln müsse. Entsprechend überrascht reagieren sie, wenn eines der beiden Autos plötzlich stehen bleibt.

Bei der Begegnung mit einem Tiger dürfte die intuitive Kenntnis des Kausalitäts- und des Gravitationsgesetzes nur wenig genützt haben. In diesen heiklen Situationen musste man nicht nur die Physik, sondern zudem noch die Psychologie des Objekts verstehen. Ob man dem Tiger heimtückische Absichten unterstellen und sich rechtzeitig in Sicherheit bringen sollte, war hier buchstäblich eine Frage von Leben und Tod. Menschen, die intentionalistisch dachten und entsprechend argwöhnisch handelten, dürften hier zweifellos im Vorteil gewesen sein – sie werden nicht nur ihre Haut gerettet haben, sondern auch mehr Nachkommen gezeugt haben.

Intentionalistisch zu denken ist also durchaus adaptiv: Es beschleunigt überlebenswichtige Entscheidungsprozesse in gefährlichen Situationen. Mit dem intentionalistischen Denken gehen jedoch auch animistisches und dualistisches Denken einher: Kinder schreiben vielen Objekten eine Seele zu und betrachten Körper und Geist als unabhängig voneinander. Als man Vorschulkindern die Geschichte von einer Maus und einem Alligator erzählte, an deren Ende die Maus vom Alligator gefressen wurde, haben sie durchaus eingesehen, dass die Maus nun keine physischen

Bedürfnisse wie Hunger oder Durst mehr verspürt. Doch sie bestanden darauf, dass sie weiter psychische Bedürfnisse kennt und beispielsweise noch Trauer oder Heimweh empfindet.

Kinder betrachten ihren Geist also nicht als Teil ihres Körpers. Sie gehen vielmehr davon aus, dass Leib und Seele getrennt sind und der Geist sich des Körpers gewissermaßen nur bedient. Wenn Leib und Seele aber als zwei grundverschiedene Dinge betrachtet werden, kann es selbstverständlich nicht nur Körper ohne Seelen geben, sondern auch Seelen ohne Körper. Dämonen, die von einem Menschen Besitz ergreifen und von einem Exorzisten ausgetrieben werden müssen, sind ein Beispiel für Seelen ohne Körper; Zombies, wie sie auf Haiti beschrieben werden, sind dagegen Körper ohne Seele.

Der angeborene Dualismus erklärt auch, weshalb die meisten Menschen von einem Leben nach dem Tode überzeugt sind. Einige meinen, dass die Seele entweder in den Himmel oder in die Hölle kommt; andere glauben, dass sie sich einen neuen Körper sucht und in einem anderen Menschen oder in einem Tier unterschlüpft. Der Glaube an die Unsterblichkeit der Seele und die Reinkarnation sind also ganz natürliche Konsequenzen unseres angeborenen Dualismus.

Ebenfalls angeboren ist uns anscheinend ein finales und teleologisches Denken. Wie das animistische und dualistische Denken, so mag auch das finale oder teleologische Denken eine Begleiterscheinung unseres intentionalistisch denkenden Gehirns sein. Kinder neigen jedenfalls dazu, allem einen Sinn oder Zweck zu unterstellen. Wenn man sie fragt, warum es Wolken gibt, antworten sie, »damit es regnet«. Wenn man sie fragt, warum es Felsen gibt, antworten sie, »damit sich Tiere daran kratzen können, wenn es sie juckt«. Und wenn man sie fragt, warum es Tiere gibt, antworten sie, »damit wir sie im Zoo beobachten können«.

Wie wir wissen, ist das teleologische Denken keineswegs auf Kinder beschränkt. Auch Erwachsene neigen dazu, allem einen tieferen Sinn und einen letzten Zweck zu unterstellen. Ja, selbst beinharte Atheisten können sich des teleologischen Denkens nur schwer erwehren. Wenn ich eines Tages die Diagnose »Krebs« erhalten sollte, so werde ich – wie so viele andere Menschen auch – wohl die Frage stellen: »Warum ich?« Diese Frage ist jedoch unsinnig. Denn meine Krebserkrankung hat lediglich eine Ursache, nicht aber einen Zweck.

Auch die existenziellen Fragen, die ich eingangs erwähnte und für die Entstehung der Religion verantwortlich machen wollte, verdanken sich unserem teleologischen Denken. Wozu gibt es Alter, Krankheit und Tod sind Fragen, für die es eine kausale Erklärung, nicht aber eine teleologische Erklärung gibt. Gleiches gilt für die Frage nach dem Sinn des Lebens. Streng genommen, ist die Frage schlicht und einfach unsinnig: Warum sollte das Leben einen Sinn haben?

Nun, die Forschung zur Evolution der Religion steckt noch in ihren Kinderschuhen. Doch die Beobachtung, dass wir von Natur aus nicht nur kausal, sondern auch intentionalistisch, dualistisch und teleologisch denken, macht schon jetzt verständlich, wie religiöse Ideen entstanden sein mögen. Mehr noch: Indem die Wissenschaft zeigt, dass wir über kognitive Strukturen verfügen, die uns zu religiösen Vorstellungen verführen, wird nachvollziehbar, weshalb die überwiegende Mehrheit der Menschen einer Religion anhängt. Religiöse Vorstellungen zu haben, ist nur natürlich; religiöse Vorstellungen abgestreift zu haben, ist dagegen unnatürlich und setzt eine kritische Auseinandersetzung mit unseren angeborenen Denkgewohnheiten voraus. In diesem Sinne hat Michael Schmidt-Salomon durchaus recht, wenn er fragt: »Glaubst du noch oder denkst du schon?«

9 783839 156414